【改訂】
タクシー事業のための労務管理一問一答

－令和6年4月施行・改正改善基準告示対応版－

一般社団法人
東京ハイヤー・タクシー協会 労務委員会　編集

JN113446

新日本法規

改訂にあたって

　いよいよ令和6年4月から、自動車運転者に対し、改正労基法による時間外労働の罰則付き上限規制及び改正改善基準告示が適用されます。過重労働の防止を目的とした多岐・広範囲にわたる改正事項を含んでおり、いわばタクシー事業における働き方改革の一大変革期を迎えたといっても過言ではありません。特に改善基準告示については、公労使代表委員により、厚生労働省の関係審議会を舞台に、九3年を費やし、実態調査の設計・実施及び詳細かつ広範囲にわたる議論を経て全面改正されています。

　一般社団法人東京ハイヤー・タクシー協会労務委員会では、タクシー事業者の皆様にこれら改正内容を正確に理解し、かつ、適切に対応していただくため、令和3年8月に出版した本書について、今後重要となる事項を追加した改訂版を出版することといたしました。

　改訂にあたっては、労務委員会の中に次のメンバーからなる労務管理小委員会を設け、検討しました。ご多忙の中、参加いただいた委員及び事務局の方々に深く感謝申し上げます。

　タクシー運転者の業務は、いうまでもなく社外での単独業務であること、賃金は歩合給制が中心となっていることなど他産業にはない労務管理面での特別な配慮を必要としています。タクシー事業が今後とも、公共交通機関として安全・安心・快適な輸送サービスを24時間提供するドアツードアの国民の身近な交通手段として、信頼され発展していくために、本書を活用していただければ幸いです。

労務委員会労務管理小委員会
　　小委員長　　　　飯野　博行　第一交通株式会社
　　小委員長代理　中山　　淳　日本交通株式会社
　　委　　員　　　　三田　　茂　株式会社グリーンキャブ
　　委　　員　　　　安原　隆行　国際自動車株式会社
　　委　　員　　　　菅原　　繁　京急交通株式会社
　　委　　員　　　　宇佐美和良　東都城東タクシー株式会社
事務局
　　常務理事　　　　加藤　敏彦
　　業務部次長　　　杉山　泰之
　　業務部係長　　　加藤　義雄

令和5年5月

　　　　　　　　　　　　一般社団法人東京ハイヤー・タクシー協会
　　　　　　　　　　　　労務委員会委員長　清水　　始

推薦のことば

　令和2年の年初に我が国に上陸した新型コロナウイルスは猛威を振るい続け、私たちの日常を一変させました。タクシー事業は需要の急激かつ長期にわたる低迷の中、感染防止対策を万全にしつつ、雇用調整助成金制度等を活用しながら公共交通機関としての使命と雇用の維持に全力を尽くしてきました。コロナ禍そしてアフターコロナかウィズコロナか、いずれの状況においても社会の重要なインフラであるタクシーは走り続けなければなりません。そしてこれを担うのはエッセンシャルワーカーである乗務員を始めとした従業員の方々です。

　一方、働き方改革は当初のスケジュールに沿って進められており、本年4月からは非正規労働者への不合理な待遇差の禁止、令和5年4月からは割増賃金率の引上げ、令和6年4月からは自動車運転者の時間外労働の上限規制・改正改善基準告示の施行などが予定されています。コロナ禍で大きなダメージを受けたタクシー事業にとって、人材確保が引き続き最重要課題となる中、改革と称する様々な法改正を前に何をどうすべきか悩んでおられる方々も多いと思われます。

　こうした中、今般、一般社団法人東京ハイヤー・タクシー協会労務委員会が作成した『タクシー事業のための　労務管理一問一答』が出版されました。これは、同委員会内に設置された労務管理検討部会において、今、正にタクシー事業に必要な労務管理の知識・ノウハウについて半年間にわたり議論し取りまとめられた成果物です。

　この検討に携わった清水労務委員長は、私とともに改善基準告示の改正を議論する厚生労働省審議会の使用者側代表委員を務める労働問題の専門家です。また、同部会の中山部会長、山田部会長代理、三田、安原、飯野の各委員は各社の労務の責任者であり、実務に精通した労務委員会の主要メンバーです。さらに、事務局として厚生労働省OB（監督課主任中央労働基準監察監督官等を歴任）の加藤常務理事ほかが参画しました。

　本書は、タクシー事業に特化し採用から退職まで労務管理全般にわたり厳選した200問について実務的な回答を丁寧に示したものであり、働き方改革への対応や労務に関するトラブルの未然防止に資する内容となっています。全国のタクシー事業者、労務担当者はもちろん、タクシー事業者からの相談に与る法律専門家の皆様にも是非

活用していただきたい一冊です。本書がニューノーマル時代におけるタクシー事業の健全な発展の一助となることを祈念し、推薦のことばとします。

　令和3年8月

　このたび、「タクシー事業のための　労務管理一問一答」の改訂版が発行されることになりました。初版から内容を充実し、全9章221設問について最新の法令等に基づいて解説しています。
　引き続き、業界における労務管理の指針として、推薦する次第です。

　令和5年5月

一般社団法人全国ハイヤー・タクシー連合会
副会長兼労務委員長　　武居　利春

は　じ　め　に

　平成30年6月29日、働き方改革関連法が可決成立し、同年7月6日公布されました。その後、年次有給休暇の5日の確実取得、時間外労働の罰則による上限規制（自動車運転者を除く。36協定届の様式変更）、同一労働同一賃金などが順次施行されるとともに、今後、中小企業における月60時間超の時間外労働に係る割増賃金率の引上げ（50％以上。令和5年4月から）、自動車運転者の時間外労働の上限規制及び改正改善基準告示の適用（令和6年4月から）などが予定されています。

　タクシー事業は公共交通機関として安全・安心・快適な輸送サービスを24時間提供することを使命とし、社外での単独業務であること、変形労働時間制によるシフト勤務を採用していること、賃金は歩合給制が中心となっていることなど他産業にはない労務管理面での特別な配慮を必要としています。

　また、少子高齢化等に伴う労働者不足、新型コロナウイルスの感染拡大とタクシー需要の急激な減少の中、厳しい人材確保難に直面しています。

　こうした中、一般社団法人東京ハイヤー・タクシー協会労務委員会では、令和2年度事業計画において、タクシー事業者が直面する労務問題に的確に対応し、有為な人材を確保できるよう、業界の実情を踏まえた労務管理のＱ＆Ａ集を作成することとしました。そして令和2年9月、労務管理検討部会を設置し、以後12回の会合を重ね、今般、Ｑ＆Ａ集を完成し、「タクシー事業のための　労務管理一問一答」として出版することといたしました。

　本書は、タクシー事業に関連した200問にわたる実務的なＱ＆Ａを人材確保・労務管理の各場面に応じ、採用、労働契約、労働時間、年次有給休暇、賃金、同一労働同一賃金、安全衛生、その他の八つの章に体系化して示しており、次のような特徴を有しています。

① 　労務に関する基礎的な知識から最新の労務問題まで多数かつ詳細なＱ＆Ａを収録しているので、タクシー業界に入って日の浅い労務担当者から、ベテランの労務担当者まで活用できる内容となっていること。

② 　各章の冒頭には総論として基本的な事項についてのＱ＆Ａを収録しているので、総論から各論へと理解することが可能となっていること。

③ 　法令の解説のみでなく、労働基準監督署等が行政指導する際の根拠となる解釈例規や裁判例も多く収録していること。

④　できるだけわかりやすくするため、多くの図を示すとともに計算例・規定例などの具体例を示していること。

⑤　一問一答形式なので、どこから読み始めても必要な回答が得られること。

⑥　各回答の多くには関連するＱ＆Ａを参照できるよう付記しているので、より立体的な理解が可能となること。

　タクシー事業者の皆様には、働き方改革の実現に向けた労働条件の見直し・改善に当たり、是非本書を一つの重要な参考資料として活用いただくようお願いいたします。

　なお、本書を参考に労働条件を変更する場合、それが適法であっても各社の実態によっては労働条件の不利益変更など労使トラブルを発生させるケースも考えられますので、事前に労使間で十分な話合いを行い、コンセンサスを得た上で実施するようにしてください。

　結びに、自社の新型コロナウイルス関連対策の対応など大変お忙しい中、下記に掲げた労務管理検討部会の中山部会長を始め部会委員の皆様及び事務局の皆様には、長期にわたる熱心な議論・検討の上、他に例をみないタクシー事業に特化した実務的な労務管理Ｑ＆Ａ集を取りまとめていただいたことに、深く感謝の意を表します。

　令和3年8月

一般社団法人東京ハイヤー・タクシー協会

労務委員会委員長　　清水　　始

記

労務委員会労務管理検討部会
　　部会長　　　　中山　　淳　　日本交通株式会社
　　部会長代理　　山田　能成　　盈進自動車株式会社
　　委　員　　　　三田　　茂　　株式会社グリーンキャブ
　　委　員　　　　安原　隆行　　国際自動車株式会社
　　委　員　　　　飯野　博行　　第一交通株式会社
事務局
　　常務理事　　　加藤　敏彦
　　業務部次長　　杉山　泰之
　　業務係長　　　加藤　義雄

凡　例

労基法	労働基準法
労基則	労働基準法施行規則
安衛法	労働安全衛生法
安衛令	労働安全衛生法施行令
安衛則	労働安全衛生規則
改善基準告示	自動車運転者の労働時間等の改善のための基準
基本通達	自動車運転者の労働時間等の改善のための基準の一部改正について
厚労省Ｑ＆Ａ	自動車運転者の労働時間等の改善のための基準の一部改正による改正後の解釈等について
育児・介護休業法	育児休業、介護休業等育児又は家族介護を行う労働者の福祉に関する法律
改正育児・介護休業法	令和3年法律第58号による改正後の育児休業、介護休業等育児又は家族介護を行う労働者の福祉に関する法律
運輸規則	旅客自動車運送事業運輸規則
均等法	雇用の分野における男女の均等な機会及び待遇の確保等に関する法律
均等則	雇用の分野における男女の均等な機会及び待遇の確保等に関する法律施行規則
高年齢者雇用安定法	高年齢者等の雇用の安定等に関する法律
高年齢者雇用安定則	高年齢者等の雇用の安定等に関する法律施行規則
個人情報保護法	個人情報の保護に関する法律
雇保則	雇用保険法施行規則
最賃法	最低賃金法
最賃則	最低賃金法施行規則
障害雇用法	障害者の雇用の促進等に関する法律

障害雇用令	障害者の雇用の促進等に関する法律施行令
障害雇用則	障害者の雇用の促進等に関する法律施行規則
職安法	職業安定法
職安則	職業安定法施行規則
タクシー特措法	特定地域及び準特定地域における一般乗用旅客自動車運送事業の適正化及び活性化に関する特別措置法
賃確法	賃金の支払の確保等に関する法律
賃確令	賃金の支払の確保等に関する法律施行令
賃確則	賃金の支払の確保等に関する法律施行規則
同一労働同一賃金ガイドライン	短時間・有期雇用労働者及び派遣労働者に対する不合理な待遇の禁止等に関する指針
入管法	出入国管理及び難民認定法
パート有期法	短時間労働者及び有期雇用労働者の雇用管理の改善等に関する法律
パート有期則	短時間労働者及び有期雇用労働者の雇用管理の改善等に関する法律施行規則
働き方改革関連法	働き方改革を推進するための関係法律の整備に関する法律
労契法	労働契約法
労災法	労働者災害補償保険法
労災則	労働者災害補償保険法施行規則
労働施策総合推進法	労働施策の総合的な推進並びに労働者の雇用の安定及び職業生活の充実等に関する法律
労働施策総合推進則	労働施策の総合的な推進並びに労働者の雇用の安定及び職業生活の充実等に関する法律施行規則

＜判例の表記＞

説明の根拠となる判例の略記例及び出典の略称は次のとおりです。

最高裁判所第一小法廷令和2年10月15日判決、裁判所時報1754号1頁
＝最一判令2・10・15裁時1754・1

判時	判例時報	民集	最高裁判所（大審院）民事判例集
判タ	判例タイムズ	労経速	労働経済判例速報
金判	金融・商事判例	労判	労働判例
裁時	裁判所時報	労民	労働関係民事裁判例集
訟月	訟務月報		

＜参考文献の表記＞

参考文献の略称は次のとおりです。

菅野労働法　　　菅野和夫『労働法』（弘文堂、第12版、2019）

目　次

第1章　採　用

第2章　労働契約

第3章　就業規則

第4章　労働時間

第1　総　論

4 目 次

第3　変形労働時間制

第4　改善基準告示

第5章　休暇・休業

第1　年次有給休暇総論

第2　年次有給休暇の5日確実取得

第3　改正育児・介護休業法

第6章　賃　金

第1　総　論

第2　乗務員負担制度と累進歩合制

第3　割増賃金

第8章　安全衛生

第9章　その他

資　料

第1章　採　用

　　　労働者を募集する場合、どのようなことに注意すればよろしいでしょうか。

　　　どのような方法で労働者募集を行うかは事業主の判断に委ねられていますが、大別すれば、次の文書募集、直接募集及び委託募集の3種類に分けられます。

　　①　文書募集とは、新聞、雑誌、求人情報誌などに掲載する広告やインターネットなどにより、労働者を募集する方法です。

②　直接募集とは、労働者を雇用しようとする者が文書募集以外の方法で、自ら又は被用者（従業員）を使って労働者を募集する方法です。

③　委託募集とは、労働者を雇用しようとする者が、被用者（従業員）以外の者を通じて、労働者を募集する方法です。

いずれを選ぶにしても、職安法の規定に反しないようにするとともに、次のルール（4項目）を守る必要があります。

(1)　労働者の募集を行おうとする者は、募集に応じた労働者から、その募集に関し、いかなる名義でも、金銭等の利益を受けてはなりません（職安法39条）。

(2)　労働者の募集を行おうとする者は、募集しようとする者に対して、その従事すべき業務の内容及び賃金、労働時間その他の労働条件を明確に示さなければなりません（職安法5条の3）。特に次の事項は、書面（求職者が希望する場合にはファクシミリ、電子メールも可能です。ただし、求職者が出力することにより書面を作成できる場合に限ります。）により明示しなければなりません（職安則4条の2）。

①　従事すべき業務の内容

②　労働契約の期間

③　試用期間の有無及び期間、試用期間中の労働条件

④　就業の場所

⑤　始業及び終業の時刻、所定労働時間を超える労働の有無、休憩時間及び休日に関する事項

⑥　賃金の額に関する事項

⑦　健康保険、厚生年金、労災保険及び雇用保険の適用に関する事項

⑧　労働者を雇用しようとする者の氏名又は名称

⑨　派遣労働者として雇用しようとする場合は、その旨

⑩　就業の場所における受動喫煙を防止するための措置に関する事項

　また、選考の過程で、当初明示した労働条件を変更する場合には変更後の労働条件を求職者に明示する必要があります。

(3)　労働者の募集を行おうとする者は、労働争議に介入するような募集を行うことはできません。

(4)　求職者の個人情報を収集し、保管し、又は使用するに当たっては、業務の目的の達成に必要な範囲内で行わなければなりません。ただし、本人の同意がある場合その他正当な事由がある場合はこの限りではありません（職安法5条の4）。

　また、「労働者募集」とは厳密な意味では異なりますが、職業紹介機関を利用することが考えられます。職業紹介機関には、主として次の2種類があります。

①　国が設置している公共職業安定所（ハローワーク）（Q2参照）

②　民間の有料・無料職業紹介事業所

　なお、大学、短期大学等の卒業生については、学校を通じないで、直接募集することができますが、中学校及び高等学校の卒業生の募集・採用については、必ずハローワークを通じて行わなければなりませんので、留意してください。

ハローワークで求人募集するには。

　ハローワークは、求人・求職を無料であっせんしている国の職業あっせん機関で、このほかにも職業相談や雇用保険の給付、また、事業主に対しては雇用保険の適用に関する手続や助成金、給付金等の支給を行っています。

　求人を申し込む場合は、原則として事業所を管轄するハローワークに出向き、会社

の特徴、事業の内容など事業所の基本情報について登録を行った上で、求人申込書に仕事内容、賃金、就業時間など所定の事項を記入して求人の申込みを行います。

　なお令和3年9月から、ハロ　ワークの求人サービスをオンラインで受けられる事業者向け専用ページ「求人者マイページ」が機能強化されて運用されています。

　こうして、申し込まれた求人内容は、ハローワーク内に設置されたタッチパネル式の求人検索端末で公開されるほか、希望によりインターネット上（ハローワークインターネットサービス）でも情報提供することができます。このハローワークインターネットサービスでは、求人票には掲載されないより詳細な情報も閲覧できるようになりますので活用してください（Q4参照）。

　そして、求職者からの応募があると、原則としてハローワークから事業所に連絡があり、採用の意思があることを確認した上で紹介されます。応募者にはハローワークからの紹介状が交付されますので、選考を行う際は紹介状を本人に持参してもらいます。選考の結果、採否が決定したら、応募者だけでなく、ハローワークにも連絡してください。

　なお、ハローワークに求人を申し込む際に、労働条件が法令に違反している場合、労働時間その他の労働条件が通常の労働条件と比べて著しく不適当であると認められる場合、必要な労働条件の明示が行われていない場合などは、ハローワークはその申込みを受理しないことができるとされていますので留意してください（職安法5条の5）。

マザーズハローワーク、マザーズコーナーとは。

　マザーズハローワーク及びマザーズコーナーは、子育てをしながら仕事をすることを希望している方に、きめ細かな支援を行うことを目的として設置された施設です。これらの施設では、担当者制によるきめ細かな支援が行われているほか、子供連れの来所や相談しやすい環境・施設の整備、保育関係情報の収集・提供など、子育てをしながら就職を希望している方を中心に様々なサービスが行われています。

　なお、マザーズハローワーク（一般のハローワークとは別の庁舎があり、東京には

3か所）とマザーズコーナー（一般のハローワークの庁舎内にあり、同7か所）の違い
は、施設の規模等の違いであり、業務の内容に差異はありません。

　　求人票の作成に当たり、留意すべき事項を教えてください。

　　人材確保に当たっては、求職者に対し訴求力のある求人票を作成する
ことが、極めて重要です。求職者が「この会社で働いてみたい」と思っ
てもらえるような求人票にするため、次のような点に留意してください。
　　　（1）　ネット検索で求人情報をチェックする求職者も多いことから、
ハローワークインターネットサービスを活用する。
　①　会社所在地の地図がピンとともに表示される。
　②　最寄り駅を3つまで登録できる。
　③　10枚まで画像（1枚につき30文字の説明文が入る。）を登録できる。
　④　自社ホームページのＵＲＬが載せられる　など
（2）　記載に当たっては、求職者の目線で説明する。したがって業界特有の用語な
　　どは使用しない（使用する場合はわかりやすい説明を付する。）。
（3）　自社の強みや競争優位性、他社と差別化できるように創意工夫した情報を盛
　　り込む。
（4）　経験者向けと未経験者向け、隔日勤務と日勤勤務など求人の種類が異なる場
　　合には求人を分けて掲載するとターゲットに合わせた書き方が可能となる。
（5）　求職者が自分の歩合給賃金が実際にいくら位になるかイメージしやすく示す
　　（その他手当付記事項欄）。
　　※　例：①　本年〇月の平均月収〇万円
　　　　　　②　本年〇月の歩合給〇万円～〇万円
　　　　　　③　月額〇万円の営業収入で〇万円となる
　　　　　　④　未経験入社1年経過後の乗務員の平均月収〇万円
　　　　　　⑤　未経験入社で乗務後3か月目に最低保障給を上回る者〇人中〇人（過
　　　　　　　去1年間の実績）

　　⑥　本年〇月の月収が低い方から25％目の者〇万円、同50％目〇万円、
　　　同75％目〇万円

(6)　最近ではワークライフバランスを重視して仕事を探す求職者も増えているの
　　で、短時間勤務があること、勤務シフトが選べること、シフト変更が容易である
　　こと、明番や公休をプライベートの時間に当てられること、などを強調する（就
　　業時間に関する特記事項欄）。

(7)　「働き方改革に積極的に取り組んでいる事業者を対象とした国土交通省の働
　　きやすい職場認証制度の認証を受けています。」「国土交通省から女性ドライバー
　　応援企業に認定されています。」などを記載する（求人に関する特記事項欄。以
　　下同じ。）。

(8)　研修制度について入社後からの流れをわかりやすく説明する。二種免許取得
　　養成制度があること、入社後一定期間賃金の最低保障制度があることなども説
　　明する。

(9)　福利厚生について、サークル活動や社員旅行などの自社オリジナルの取組を
　　説明する。

(10)　会社の雰囲気がいいことや乗務員の感想（前の職業より家族と過ごす時間が
　　増えたなど）、離職率の低さなどをアピールする。

男性のみ、女性のみの募集はできますか。また、男女別の採用予
定人員を示して募集することはできますか。

　　均等法では、募集・採用において性別にかかわりなく均等な機会を与
　　えなければならないとしています（均等法5条）。
　　したがって、男性のみ、女性のみの募集を行うこと、または男女別の
　　募集人員をあらかじめ定めて募集・採用を行うことは、原則として均等
法に抵触することになります。
　また、平成18年法律82号による均等法の改正により、外観上は性中立的な要件でも
厚生労働省令で定める次のものについては、業務遂行上の合理的理由がない場合、間
接差別として禁止されています（均等法7条、均等則2条）。
①　労働者の募集・採用に当たり、労働者の身長、体重又は体力を要件とすること。

② 労働者の募集・採用、昇進又は職種の変更に当たり、転居を伴う転勤に応じることができることを要件とすること。

【参　考】

〇労働者に対する性別を理由とする差別の禁止等に関する規定に定める事項に関し、事業主が適切に対処するための指針（抄）（平18・10・11厚労告614）

第2　直接差別

2　募集及び採用（法第5条関係）

(2)　募集及び採用に関し、一の雇用管理区分において、例えば、次に掲げる措置を講ずることは、法第5条により禁止されるものである。ただし、14の(1)のポジティブ・アクションを講ずる場合については、この限りではない。

イ　募集又は採用に当たって、その対象から男女のいずれかを排除すること。

　（排除していると認められる例）

　① 一定の職種（いわゆる「総合職」、「一般職」等を含む。）や一定の雇用形態（いわゆる「正社員」、「パートタイム労働者」等を含む。）について、募集又は採用の対象を男女のいずれかのみとすること。

　② 募集又は採用に当たって、男女のいずれかを表す職種の名称を用い（対象を男女のいずれかのみとしないことが明らかである場合を除く。）、又は「男性歓迎」、「女性向きの職種」等の表示を行うこと。

　③ 男女をともに募集の対象としているにもかかわらず、応募の受付や採用の対象を男女のいずれかのみとすること。

　④ 派遣元事業主が、一定の職種について派遣労働者になろうとする者を登録させるに当たって、その対象を男女のいずれかのみとすること。

ロ　募集又は採用に当たっての条件を男女で異なるものとすること。

　（異なるものとしていると認められる例）

　募集又は採用に当たって、女性についてのみ、未婚者であること、子を有していないこと、自宅から通勤すること等を条件とし、又はこれらの条件を満たす者を優先すること。

ハ　採用選考において、能力及び資質の有無等を判断する場合に、その方法や基準について男女で異なる取扱いをすること。

　（異なる取扱いをしていると認められる例）

　① 募集又は採用に当たって実施する筆記試験や面接試験の合格基準を男女で異なるものとすること。

　② 男女で異なる採用試験を実施すること。

　③ 男女のいずれかについてのみ、採用試験を実施すること。

　　④　採用面接に際して、結婚の予定の有無、子供が生まれた場合の継続就労の希
　　　望の有無等一定の事項について女性に対してのみ質問すること。
　ニ　募集又は採用に当たって男女のいずれかを優先すること。
　　（男女のいずれかを優先していると認められる例）
　　①　採用選考に当たって、採用の基準を満たす者の中から男女のいずれかを優先
　　　して採用すること。
　　②　男女別の採用予定人数を設定し、これを明示して、募集すること。又は、設
　　　定した人数に従って採用すること。
　　③　男女のいずれかについて採用する最低の人数を設定して募集すること。
　　④　男性の選考を終了した後で女性を選考すること。
　ホ　求人の内容の説明等募集又は採用に係る情報の提供について、男女で異なる取
　　扱いをすること。
　　（異なる取扱いをしていると認められる例）
　　①　会社の概要等に関する資料を送付する対象を男女のいずれかのみとし、又は
　　　資料の内容、送付時期等を男女で異なるものとすること。
　　②　求人の内容等に関する説明会を実施するに当たって、その対象を男女のいず
　　　れかのみとし、又は説明会を実施する時期を男女で異なるものとすること。
第3　間接差別（法第7条関係）
　1　雇用の分野における性別に関する間接差別
　（3）　法第7条は、募集、採用、配置、昇進、降格、教育訓練、福利厚生、職種及び雇用
　　　形態の変更、退職の勧奨、定年、解雇並びに労働契約の更新に関する措置であって、
　　　(1)の①及び②に該当するものを厚生労働省令で定め、(1)の③の合理的な理由があ
　　　る場合でなければ、これを講じてはならないこととするものである。
　　　　厚生労働省令で定めている措置は、具体的には、次のとおりである。
　　　（均等則第2条各号に掲げる措置）
　　イ　労働者の募集又は採用に当たって、労働者の身長、体重又は体力を要件とする
　　　こと（均等則第2条第1号関係）。
　　ロ　労働者の募集若しくは採用、昇進又は職種の変更に当たって、転居を伴う転勤
　　　に応じることができることを要件とすること（均等則第2条第2号関係）。
　　ハ　労働者の昇進に当たり、転勤の経験があることを要件とすること（均等則第2条
　　　第3号関係）。

採用面接で家族の状況を尋ねてもよいでしょうか。

　　　　企業には採用の自由が認められていますから、面接試験では基本的に
自由に質問することができます。しかし、例えば、家族構成、家庭環境
を質問した場合、そのこと自体「本人に責任のない事項」であるととも
に、応募者によっては答えにくい場合があり、それが面接態度に現れる
ことがあります。このような面接態度から受ける印象で採否の判断がされるとした
ら、公正な選考とはいえないでしょう。

　こうしたことから、厚生労働省では、面接に当たり以下の「本人に責任のない事項」
や「本来自由であるべき事項」などにかかわる事項は質問しないようにするとともに、
応募者のプライバシーに配慮し、本人の適性や能力を基準とした公正採用選考に努め
るよう指導しています（厚生労働省リーフレット「公正な採用選考をめざして」）。

　（1）　本人に責任のない事項の把握

　　①　「本籍・出生地」に関すること

　　②　「家族」に関すること（職業・続柄・健康・病歴・地位・学歴・収入・資産
　　　など）

　　③　「住宅状況」に関すること（間取り・部屋数・住宅の種類・近隣の施設など）

　　④　「生活環境・家庭環境など」に関すること

　（2）　本来自由であるべき事項（思想・信条にかかわること）の把握

　　⑤　「宗教」に関すること

　　⑥　「支持政党」に関すること

　　⑦　「人生観・生活信条など」に関すること

　　⑧　「尊敬する人物」に関すること

　　⑨　「思想」に関すること

　　⑩　「労働組合（加入状況や活動歴など）」、「学生運動などの社会運動」に関する
　　　こと

　　⑪　「購読新聞・雑誌・愛読書など」に関すること

応募者の前の会社の退職理由を知りたいときは、どうすればよいでしょうか。

応募者の前の会社の退職理由については、まずは面接の際などに聴くことが考えられますが、これは応募者の自己申告ですので、より信頼性を高めるという意味では、労基法22条に基づいて求職者から前の職場に対し「退職証明書」を請求し、その写しを提出してもらうということが考えられます。

この「退職証明書」には、①使用期間、②業務の種類、③その事業における地位、④賃金、及び⑤退職の理由（解雇の場合は解雇の理由）が記載事項とされています。ただし、労働者が請求しない事項は記入してはならないこととなっています。また、証明書にあらかじめ第三者と謀り秘密の記号を記入してはなりません（6か月以下の懲役又は30万円以下の罰金という特に重い罰則がついています（労基法119条1号）。）。

なお、貴社から応募者の前の会社に対して直接、退職理由について情報提供を受けることは可能でしょうか。この点について個人情報保護法は法令に基づく場合等の例外を除き、個人情報取扱事業者は、「あらかじめ本人の同意を得ないで、個人データを第三者に提供してはならない。」（個人情報保護法23条1項）と規定しています。したがって、前の会社（＝個人情報取扱事業者）は、適法に退職理由等について情報提供を行うためにはあらかじめ本人の同意を得ておく（後日のトラブルを避けるため、本人と情報提供する可能性がある範囲を明確にした書面を交わしておくことが望ましい。）ことが必要となります。

採用時に精神疾患・運転に支障のある既往歴について申告させてもよいでしょうか。

企業がどのような人を採用するかは、法律の特別な制限に反しない限り、原則として自由にこれを決定することができます。また、社員の採用に当たり、企業にふさわしい人材を選考するため、必要な情報収集の一手段として応募者から必要事項について申告を求めることも当然でき

ます。ただし、そのような情報収集は、あくまで応募者の業務への適性や職業能力を判断するために必要な合理的範囲内のものでなければなりません。

　また、申告を求める場合には、企業として申告事項をどのように利用するのかを説明し、応募者の同意を得ておくことが必要です。特に、精神疾患に関する情報については、特に機微にわたる個人情報であることに留意しなければなりません。

　タクシー事業においては、安全運行確保の観点から、採用に当たり運転に支障を及ぼすおそれのある病歴の有無を把握することは合理性があると考えられますが、慎重な対応が望まれます。

　入社希望者に健康診断書の提出を求め、その内容により採用の可否を判断することは許されますか。

　採用選考時における健康チェックについては、「就職差別につながるおそれがある」として、厚生労働省は禁止まではしていませんが、健康診断が応募者の適正と能力を判定する上で真に必要かどうか慎重に検討して行うよう呼びかけています（平5・5・10労働省職業安定局事務連絡）。

　タクシー事業の乗務員については一瞬の隙が重大な事故につながる職種といえますので、採用に当たり、てんかんや睡眠時無呼吸症候群の有無などを確認しておくことはむしろ事業者側の責務といえます。

　この場合、健康チェックは安全輸送等業務遂行上の必要性が明らかなものに限定し、かつ、事前に応募者に十分説明し納得してもらうことが必要です。

喫煙を理由に不採用とすることはできますか。

　近年、「喫煙しないこと」を採用条件の一つとする会社がみられるようになりました。企業には採用の自由が広く認められており、採用条件の一つに「喫煙しないこと」を挙げることは認められます。

　なお、採用の場面とは異なり、現在喫煙者である社員の取扱いをどうするかも課題となります。これについては、平成30年法78号改正健康増進法が令和2年4月1日から全面施行されていますので、安衛法68条の2と併せ、法が求める受動喫煙防止対策を適切に講ずる必要があります（Q202参照）。

　求職者の秘密の保護については、具体的にどのように対応したらよろしいでしょうか。

　求職者の個人情報の保護について職安法5条の4では、「…求人者、労働者の募集を行う者は…それぞれ、その業務に関し、求職者…の個人情報を収集し、保管し、又は使用するに当たっては、その業務の達成に必要な範囲内で求職者等の個人情報を収集し、並びに当該収集の目的の範囲内でこれを保管し、及び使用しなければならない。ただし、本人の同意がある場合その他正当な事由がある場合は、この限りでない。」と規定しています。また、これに関連して指針（※）が示されています。

※　職業紹介事業者、求人者、労働者の募集を行う者、募集受託者、募集情報等提供事業を行う者、労働者供給事業者、労働者供給を受けようとする者等が均等待遇、労働条件等の明示、求職者等の個人情報の取扱い、職業紹介事業者の責務、募集内容の的確な表示、労働者の募集を行う者等の責務、労働者供給事業者の責務等に関して適切に対処するための指針（平11・11・17労働告141）

　この指針によりますと、求人者、労働者の募集を行う者等は以下のような対応をする必要があります。

(1)　求職者等の個人情報の収集に当たっては、次に掲げる個人情報を収集してはなりません。

　①　人種、民族、社会的身分、門地、本籍、出生地その他社会的差別の原因となるおそれのある事項

　②　思想及び信条

　③　労働組合への加入状況

(2)　個人情報を収集するに際しては、本人から直接収集し、又は本人の同意の下で本人以外から収集する等適法かつ公正な手段によらなければなりません。

(3)　個人情報の保管又は使用は、収集目的の範囲に限られます。ただし、別途当初の収集目的とは異なる他の保管若しくは使用の目的を示して本人の同意を得た場合、又は他の法律に定めのある場合は、この限りではありません。

(4)　個人情報の保管又は使用に関し次の措置を講ずるとともに、求職者からの求めに応じ、当該措置の内容を説明しなければなりません。

　①　個人情報を目的に応じ、必要な範囲において正確かつ最新のものに保つための措置

　②　個人情報の紛失、破棄、改ざんを防止するための措置

　③　正当な権限を有しない者が個人情報にアクセスすることを防止するための措置

　④　収集目的に照らして保管する必要がなくなった個人情報を破棄又は削除するための措置

(5)　求職者等の秘密に関する個人情報を知り得た場合には、当該個人情報が正当な理由なく他人に知られることのないよう厳重な管理を行わなければなりません。

不採用者の履歴書の取扱いはどうしたらよいでしょうか。

　　採用面接に応募した求職者の履歴書などの応募書類には、通常、氏名、住所、生年月日、顔画像等が表示されており、それらは個人情報そのものですから、個人情報保護法に基づき、不採用となった者の応募書類については、確実に破棄するか、返却してください。

　また、破棄する場合には、募集に際して、あらかじめ責任をもって破棄する旨を告知しておいた方がよいでしょう。

不採用者から理由開示を求められた場合の対応はどうしたらよいでしょうか。

　　個人情報保護法28条1項で「本人は、個人情報取扱事業者に対し、当該本人が識別される保有個人データの開示を請求することができる。」とされています。ただし、同条2項で「開示することにより次の各号のいずれかに該当する場合は全部又は一部を開示しないことができる。」とされ、同項2号で「当該個人情報取扱事業者の業務の適正な実施に著しい支障を及ぼすおそれがある場合」が挙げられています。

　企業は、事業遂行上の方針、従業員数の決定、採用数の決定、採用方針、採用方法等についての決定の自由を有しており、これらの内容を応募者等に知られることは、結果として企業の求める人材の採用の障害につながる可能性があります。したがって、上記条項により、不採用の理由を開示しないことができるものと考えられます。ただし、この場合はなぜ不開示とするのかその理由を本人に説明するよう努めなければならないとされていますので留意してください（個人情報保護法31条）。

出産・育児、介護等で退職した従業員を再雇用する際の留意点は。

　　　　妊娠・出産や育児、介護等を理由に退職した従業員を対象とする再雇用制度（ジョブリターン制度）を設けることは、労働者にとっては退職前の技能や経験を生かすことができますし、会社にとっては採用・教育コストを抑制できるだけでなく会社への愛着を持った労働者を再雇用できますので双方にとってメリットがあります。

　このような再雇用制度を導入・活用するに当たっては、次のような点に留意することが必要です。

(1)　就業規則や諸規程に再雇用のルールを定めるとともに、その内容を従業員に周知しておくことが重要です。再雇用規程を制定する場合には、次の項目が明らかとなっていることが必要です。

①　制度適用対象者の範囲

②　退職理由などの資格要件（年齢制限を設けることはできません。）

③　退職時・応募時の手続（採用行為は諸般の事情を考慮して行う必要がありますので、応募すれば必ず再雇用されると受け取られるような表現は避けた方がよいでしょう。）

④　再雇用後の処遇　等

(2)　所定の要件に該当する退職者が発生した場合、本人に対して制度の適用希望の有無を確認し、対象者として登録しておきます。登録者には、定期的に社内のニュースなどを知らせると再雇用に結びつきやすいでしょう。

(3)　再雇用後の労働条件について、試用期間や年次有給休暇の取扱いなどあらかじめ検討した上で、規程に盛り込みます。

(4)　再雇用された労働者は、仕事をしながら育児や介護を行うケースも多いため、仕事と両立できる勤務形態・環境の整備を図ることが重要です。

ＬＧＢＴである者を雇用する場合の留意点は。

 　　ＬＧＢＴとは、レズビアン（同性を好きになる女性）、ゲイ（同性を好きになる男性）、バイセクシャル（両性を好きになる方）及びトランスジェンダー（身体・戸籍の性別と性自認が一致しない方）の英語表記の頭文字をとったもので、セクシャルマイノリティー（性的少数者）の総称とされています。

　※　以上に加え、クイア又はクエスチョニング（性的指向・性自認が定まらない方）
　　を含めＬＧＢＴＱと表すこともあります。

　ＬＧＢＴである者については、採用時に何か特別の配慮が必要になるということはなく、採用試験や面接については他の応募者と同様の方法で実施し、採用の可否も通常用いられている評価基準により判断することになります。

　採用時の留意事項としては、面接等の場においてＬＧＢＴに関する詳細な質問をしないことが挙げられます。ただし、本人から、採用された場合に配慮してほしい事項や要望があり、それについて意見交換すること、ＬＧＢＴである者への対処方針等について意見を求めることは許されると考えます。

　次にＬＧＢＴである者の雇用に関しては、採用後に生じる可能性のある問題への的確な対処が重要となりますので、以下みていきましょう。

（1）　ＬＧＢＴである者へのセクハラの防止

　「事業主が職場における性的な言動に起因する問題に関して雇用管理上講ずべき措置等についての指針」（平18・10・11厚労告615）が平成28年8月厚生労働省告示314号により改正され、「被害を受けた者…の性的指向又は性自認にかかわらず、当該者に対する職場におけるセクシュアルハラスメントも、本指針の対象となるものである。」とする部分が追加されています。

　企業の就業規則にはセクハラ防止に関する規定は、通常設けられていますが、性的指向又は性自認に係るセクハラ防止の規定を欠いている場合には追加してください。なお、「性的な言動により、他の従業員等に不利益又は不快感を与え、職場の秩序・環境を害さないこと。」（東京ハイヤー・タクシー協会労務委員会編『タクシー事業のためのモデル就業規則』32頁（労働調査会、2019））との規定があれば「性的な言動」の中に含めて読む

ことができますので追加は不要です。

　(2)　同性パートナーと同居している場合の配偶者手当等の支給

　配偶者手当等の支給要件については、特に法律上の規定はなく、各社で自由に定めることが可能です。当該手当等の支給を法律婚の場合に限定するケースと事実婚であっても支給するケースに分かれると思われますが、就業規則で明確に定め、それに従って取り扱えば問題ないでしょう。ただし、事実婚でも支給する場合に、異性のカップルと同性のカップルとで取扱いに差をつけるとその相違について合理性があるかどうかの問題が生ずる可能性がありますので、慎重に検討してください。

　(3)　更衣室、トイレの使用の問題

　更衣室やトイレは男性用と女性用に区分されていますが、トランスジェンダーの社員から身体上の性とは異なる区分の更衣室又はトイレの使用の要望がなされる場合どう対応すればよいでしょうか。ＬＧＢＴへの理解が以前に比べれば進んでいると思われますが、更衣室やトイレの使用について身体上の性が異なる者を抵抗なく受け入れられるかというと、なかなか困難と思われます。さりとて専用の更衣室を設けジェンダーフリーのトイレに改装するのは費用やスペースの問題が生じます。

　性同一性障害の診断を受けた経済産業省の男性公務員（心理的性別は女性）が女性トイレの使用を一定の範囲で制限されたことについて、「個人がその真に自認する性別に即した社会生活を送ることができることは、重要な法的利益として、国家賠償法上も保護される…。女性トイレを使用している女性職員に対する相応の配慮も必要であると考えられる。しかしながら、生物学的な区別を前提として男女別施設を利用している職員に対して求められる具体的な配慮の必要性や方法も、一定又は不変のものと考えるのは相当ではなく、性同一性障害である職員に係る個々の具体的な事情や社会的な状況の変化等に応じて、変わり得るものである。（中略）したがって、…本件トイレに係る処遇を継続したことは、庁舎管理権の行使に当たって尽くすべき注意義務を怠ったものとして、国家賠償法上、違法の評価を免れない。」（東京地判令元・12・12判タ1479・121）とした裁判例があります。

　ただし、本件の控訴審（東京高判令3・5・27）は、性同一性障害への対応が諸官庁で定まっておらず、先進的な取組がしやすい民間企業とも事情が異なること、同省の対応は顧問弁護士の見解や原告の意向、他の職員の受止めを考慮したものだったことなどから、女性トイレの使用制限は不合理とはいえないとしました。

（4）　健康診断の実施方法

　健康診断については、男女別の日程により実施することが多いと思われますが、トランスジェンダーの社員については、時間をずらして行うことや会社指定の健診機関以外の機関での受診を認め、その結果を証明する書面を提出させることなどが考えられます（安衛法66条5項）。

（5）　服装に対する制約

　トランスジェンダーの男性社員が女装して乗務するような場合、ＬＧＢＴについての理解が十分でないお客様との関係で混乱やトラブルが発生することが考えられます。性差に中立な服装や、お客様への説明の仕方の工夫などの対策を検討することが必要と思われます。

　　性同一性障害者が化粧して乗務したことを理由に就労拒否された事案に係る大阪地裁の裁判例の概要について教えてください。

　　この裁判（大阪地決令2・7・20判時2471・105）は、性同一性障害の診断を受けたタクシー乗務員Ｘ（生物学的性別は男性、性自認は女性）が化粧したことを理由に乗務を禁じられたことは不当だとして賃金の支払を求めたものです。

（判　旨）

　一般論として、サービス業において、客に不快感を与えないとの観点から、男性のみに対し、業務中に化粧を禁止すること自体、直ちに必要性や合理性が否定されるものではない。

　しかしながら、Ｘは医師から性同一性障害であるとの診断を受け、…そうした人格にとっては、…外見を可能な限り性自認上の性別である女性に近づけ、<u>女性として社会生活を送ることは、自然かつ当然の欲求であるというべきである</u>。…一部の者をして、当該外見に対する違和感や嫌悪感を覚えさせる可能性を否定することはできないものの、…個性や価値観を過度に押し通そうとするものであると評価すべきものではない。（中略）

以上によれば、会社が、Xに対し、化粧の程度が女性乗務員と同等程度であるか否かといった点を問題とすることなく、<u>化粧を施した上での乗務を禁止したこと及び禁止に対する違反を理由として就労を拒否したことについては、必要性も合理性も認めることはできない</u>。（中略）

したがって、Xは、会社に対し、民法536条2項に基づいて…賃金支払請求権を有するものということができる。

障害者雇用率制度とは。

障害雇用法は、「すべての事業主は、障害者の雇用に関し、社会連帯の理念に基づき、障害者である労働者が有為な職業人として自立しようとする努力に対して協力する責務を有するものであって、その有する能力を正当に評価し、適当な雇用の場を与えるとともに適正な雇用管理を行うことによりその雇用の安定を図るように努めなければならない。」と定めています（障害雇用法5条）。

そして、具体的には企業等は原則として全従業員数に法定の障害者雇用率（民間企業にあっては、従来2.2％でしたが、令和3年3月1日以降2.3％に引き上げられています。）を乗じた数以上の身体障害者、知的障害者又は精神障害者を雇用しなければならないものとしています（障害雇用法43条1項、障害雇用令9条）。

2.3％という率は43.5人に1人の割合で障害者の雇用が義務付けられることを意味します。しかし、タクシー事業を含む道路旅客運送業については、除外率（障害者が就労することが困難と認められる職種の労働者が相当の割合を占める業種として厚生労働省で定める業種について、雇用義務を軽減するため設定されている率）が55％と定められていますので、これを反映させると95.5人に1人の割合で障害者の雇用が義務付けられることとなります（障害雇用則別表4）。

なお、以下について留意してください。

(1) 雇用率の算定基礎となる「雇用労働者数」は、週30時間以上の常用雇用労働者

数に、週所定労働時間数が20時間以上30時間未満の常用雇用労働者数に0.5を乗じた数を加えた労働者数をいいます（障害雇用法43条8項、障害雇用則6条）。

（例）週40時間の労働者50人、週24時間の短時間労働者13名の場合

雇用労働者数 ＝ 50 ＋ 13 × 0.5 ＝ 56.5（人）

(2) 雇用している障害者のカウントの仕方は、次の表のとおりとなります（障害雇用法43条、障害雇用令10条、障害雇用則6条・6条の2）。

週所定労働時間		30時間以上	20時間以上30時間未満
身体障害者		○	△
	重度	◎	○
知的障害者		○	△
	重度	◎	○
精神障害者		○	△

◎2カウント、○1カウント、△0.5カウント

(3) 障害者を雇用する義務のある事業主は、毎年1回、6月1日現在における対象障害者の雇用に関する状況について「障害者雇用状況報告書」を作成して、7月15日までに主たる事業所の所在地を管轄する公共職業安定所長に報告しなければなりません（障害雇用則8条）。

(4) 上記(3)の雇用状況報告義務がある事業主に対しては、障害者雇用推進者を選任する努力義務が課されています（障害雇用法78条）。

※ 令和5年1月18日の、厚生労働省の労働政策審議会障害者雇用分科会において、今後の障害者雇用率の水準と施行時期、除外率の引下げについての方向性が次のとおりとりまとめられ、これに基づき、関係政省令が令和5年3月1日付けで改正されました。

① 障害者雇用率については、令和6年4月に2.5％（公務部門は2.8％）、令和8年7月に2.7％（同3.0％）と段階的に引き上げること。

② 除外率の一律10％の引下げ（道路旅客運送業55％→45％）は令和7年4月とすること。

障害者雇用納付金制度とは。

　　障害者の雇用に伴う事業主の経済的負担の調整を図るとともに、全体としての障害者の雇用水準を引き上げることを目的に、雇用率未達成企業（常時労働者100人超）から納付金を徴収し、雇用率達成企業に対して調整金、報奨金を支給するとともに、障害者の雇用の促進等を図るための各種の助成金を支給する制度（障害者雇用納付金制度）が設けられています（障害雇用法53条〜72条・附則4条1項）。

　具体的には、雇用率未達成の事業主は、法定の雇用障害者数に不足する人数について、1人につき月額5万円の障害者雇用納付金を納付しなければなりません（障害雇用令17条）。

　一方、法定の障害者雇用数を超えて雇用している事業主（労働者100人超）には、超過労働者数1人につき月額27,000円が、障害者雇用調整金として支給されます（障害雇用令15条）。また、障害者を労働者数の4％又は6人のいずれか多い数を超えて雇用する労働者数が100人以下の事業主には、超過労働者数1人につき月額21,000円が障害者雇用奨励金として支給されます（障害雇用令20条）。このほか、障害者を雇い入れるために、作業施設の設置・整備を行ったり、重度障害者の雇用管理のために職場介助者を配置したりする事業主に対する助成金制度があります（障害雇用法49条〜52条）。

外国人労働者の定義は。

　　外国人労働者の適切な雇用管理を図るため、平成19年に、「外国人労働者の雇用管理の改善等に関して事業主が適切に対処するための指針」（平19・8・3厚労告276）が定められています。この指針において「外国人」とは、日本国籍を有しない者をいい、特別永住者並びに在留資格が「外交」及び「公用」の者を除くものとされています。

　また、「外国人労働者」とは、外国人の労働者をいいます（労基法9条参照。この法律で

「労働者」とは、職業の種類を問わず、事業又は事務所に使用されるもので、賃金を支払われる者をいいます。）。なお、「外国人労働者」には技能実習生も含まれます。

外国人労働者の募集・採用の方法は。

　　外国人労働者も、日本国内においては労働関係法令の適用を受けますので、募集・採用についても、原則として日本人と同様の手続で行う必要があります。

　　ただし、外国人は在留資格によって就労可能かどうかが決まり、在留期間を超えて就労することはできません。したがって採用に当たっては、在留カードや旅券等により確認する必要があります。

　さらに、出入国管理及び難民認定法により、外国人労働者が不法就労者であることなどの事情を知りながら、当該不法就労者を雇用している事業主、業として不法就労外国人をあっせんする者などは、「不法就労助長罪」（入管法73条の2）として処罰されます（3年以下の懲役若しくは300万円以下の罰金又はこれを併科）ので注意が必要です。

　なお、在留資格が次の場合は、入管法上、国内での就労活動等に制限はありません。
① 永住者（法務大臣が認める者）
② 日本人の配偶者等（特別養子、日本人の子として出生した者）
③ 永住者の配偶者
④ 定住者（法務大臣が認める者、日系二世・三世、難民など）

　　留学生の就職支援に係る「特定活動」の在留資格でタクシー会社が外国人を採用することは可能ですか。

　　令和元年5月、本邦の4年制大学又は大学院を卒業・修了した留学生の就職支援を目的として、法務省告示が改正され、本邦大学卒業者が日本語を用いた円滑な意思疎通を要する業務を含む幅広い業務に従事することを希望する場合は、在留資格「特定活動」による入国・在留が認められることとなりました。具体的内容についてはガイドラインが策定されていますが、

対象者については、

①　日本語能力試験N1又はＢＪＴビジネス日本語能力テストで480点以上を有する者

②　その他、大学又は大学院において「日本語」を専攻して大学を卒業した者

などとされ、その「具体的活動例」の中には、次の記述があります。

「タクシー会社において、観光客（集客）のための企画・立案や自ら通訳を兼ねた観光案内を行うタクシードライバーとして活動するもの（通常のタクシードライバーとして乗務することも可能です。）

※　車両の整備や清掃のみに従事することは認められません。」

（注）　詳細は「留学生の就職支援に係る「特定活動」（本邦大学卒業者）についてのガイドライン」（出入国在留管理庁　令和元年5月策定）を参照。

Q22　外国人雇用状況の届出とはどのようなものですか。

A　日本で就労する外国人労働者の数は、年々増加を続けています。その就労状況を見ると、雇用が不安定である、不法就労に該当するものがあるなどの問題がみられるところです。このため、平成19年10月1日から、外国人労働者を雇用する全ての事業主に対し、外国人労働者（特別永住者及び在留資格「外交」・「公用」の者を除きます。）の雇入れ又は離職の際に、当該外国人労働者の氏名、在留資格、在留期間等について確認し、ハローワークへ届け出ることが義務付けられました（労働施策総合推進法28条）（届出を怠ったり、虚偽の届出を行った場合には、30万円以下の罰金の対象となります（労働施策総合推進法40条）。）。

　届出の方法については、次のとおり、届出の対象となる外国人が雇用保険の被保険者となるかならないかで異なります。

①　雇用保険の被保険者となる外国人について届け出る場合

　㋐　雇用保険被保険者資格取得届（雇入れ時・雇保則様式2号）

　㋑　雇用保険被保険者資格喪失届（離職時・雇保則様式4号）

②　雇用保険の被保険者とならない外国人について届け出る場合

　外国人雇用状況届出書（雇入れ時及び離職時・労働施策総合推進則様式3号）

　なお、令和2年3月以降に雇入れ、離職した外国人については、外国人雇用状況の届出において在留カード番号の記載が必要となっています。

第2章　労働契約

労働条件を明示する場合の留意事項を教えてください。

　　労働者を雇い入れる際は、労働条件が不明確なために生ずる紛争を未然に防ぐため、労働者に賃金、労働時間、その他の労働条件を明示することが必要です。特に、次の①から⑥までの項目（昇給に関する事項を除きます。）については、書面を交付して明示することが義務付けられています（労基法15条1項、労基則5条1項）。

① 　労働契約の期間に関する事項

② 　期間の定めのある労働契約を更新する場合の基準に関する事項（期間の定めのある労働契約を更新する場合に限ります。）

③ 　就業の場所及び従事すべき業務に関する事項

④ 　始業及び終業の時刻、所定労働時間を超える労働の有無、休憩時間、休日、休暇並びに労働者を2組以上に分けて就業させる場合における就業時転換に関する事項

⑤ 　賃金（退職手当及び臨時に支払われる賃金等を除きます。）の決定、計算及び支払の方法、賃金の締切り及び支払の時期並びに昇給に関する事項

⑥ 　退職に関する事項（解雇の事由を含みます。）

　なお、書面の様式は自由とされています（平11・1・29基発45）ので、労働契約書に盛り込んでもよいですし、労働条件通知書として示すことや就業規則の該当部分の写しを交付することでも差し支えありません。平成31年4月以降、労働条件明示の方法については、労働者が希望した場合には㋐ファクシミリの送信、㋑電子メール等の送信（当該労働者が電子メール等の記録を出力することにより書面を作成できる場合に限ります。）によることも可能となっています。

　期間の定めのない労働契約で勤務する労働者には②の項目は該当しません。乗務員については巻末資料○労働条件通知書の記載例を参考にしてください。

　以上は書面による労働条件の明示が義務付けられている事項に関してですが、この他にも明示しなければならない事項が次のとおり定められていますので適切に対応し

てください（労基則5条1項）。

① 退職手当の定めが適用される労働者の範囲、退職手当の決定、計算及び支払の方法並びに退職手当の支払の時期に関する事項

② 臨時に支払われる賃金（退職手当を除きます。）、賞与及び労基則8条各号に掲げる賃金並びに最低賃金額に関する事項

③ 労働者に負担させるべき食費、作業用品その他に関する事項

④ 安全及び衛生に関する事項

⑤ 職業訓練に関する事項

⑥ 災害補償及び業務外の傷病扶助に関する事項

⑦ 表彰及び制裁に関する事項

⑧ 休職に関する事項

　なお、明示された労働条件が事実と相違する場合には、労働者は即時に労働契約を解除することができます。また、就業のため住居を変更した労働者が契約解除の日から14日以内に帰郷する場合には、使用者は必要な旅費を負担しなければなりません（労基法15条2項・3項）。

パートタイマーや有期雇用労働者の採用時に交付する書面とは。

パートタイマーや有期雇用労働者も労働者ですから、労基法15条に基づく労働条件の明示が必要なことはいうまでもありません（Q23参照）が、加えてパート有期法6条を遵守する必要があります。

　　具体的には、次の事項も併せて書面等で明示しなければなりません（パート有期則2条）。

① 昇給の有無

② 退職手当の有無

③ 賞与の有無

④ 短時間・有期雇用労働者の雇用管理の改善等に関する事項に係る相談窓口

　なお、定時制乗務員については巻末資料〇労働条件通知書の記載例を参考にしてください。また「労働条件通知書（短時間労働者用）」が厚生労働省のホームページにありますので、これを活用するのも一方法です。

有期契約労働者を雇止めするときにも予告が必要ですか。

　雇止めの予告は一定の場合には必要です。一定の場合とは、「有期労働契約の締結、更新及び雇止めに関する基準」（平15・10・22厚労告357）で次のように定められています。

（雇止めの予告）
第〇条　使用者は、期間の定めのある労働契約（当該契約を3回以上更新し、又は雇入れの日から起算して1年を超えて継続勤務している者に係るものに限り、あらかじめ当該契約を更新しない旨明示されているものを除く。）を更新しないこととしようとする場合には、少なくとも当該契約の期間の満了する日の30日前までに、その予告をしなければならない。

　なお、使用者は、雇止めの予告後に労働者が雇止めの理由について証明書を請求した場合は、遅滞なくこれを交付しなければなりません。雇止めの後に労働者から請求された場合も同様です（有期労働契約の締結、更新及び雇止めに関する基準2条）。明示すべき「雇止めの理由」は、契約期間の満了とは別の理由とすることが必要です。次の例を参考にしてください。

① 　前回の契約更新時に、本契約を更新しないことが合意されていたため
② 　契約締結当初から、更新回数の上限を設けており、本契約はその上限に係るものであるため
③ 　担当していた業務が終了・中止したため
④ 　事業縮小のため
⑤ 　業務を遂行する能力が十分ではないと認められるため

⑥　職務命令に対する違反行為を行ったこと、無断欠勤をしたことなど勤務不良のため

労働契約期間の上限は。

労基法14条では、労働契約は期間の定めのないものを除き、3年（一定のものについては5年）を超えてはならないと規定されています。この趣旨は長期間にわたって労働者が拘束されることを防ごうとするものです。

※　建設工事等に関しては、事業の完了に必要な期間まで可とする例外があります。5年が適用になる一定のものとは、次の労働契約をいいます。

①　専門的な知識、技術又は経験であって高度のものとして厚生労働大臣が定める基準に該当する専門的知識を有する労働者との労働契約
②　満60歳以上の労働者との労働契約

これらの期間を超える労働契約を締結した場合は労基法の違反になるとともに、法定の期間が設定されたものとして扱われます。なお、期間が満了した場合に、更新することは差し支えありません。

乗務員が入社時に提出する誓約書にはどのような事項を盛り込んだらよいでしょうか。

誓約書には、特に定められた形式や記載事項はありません。したがって、就労前に書面で念を押しておきたい事項や後日のトラブルを未然に防止するため必要と認められる事項について労使で検討の上、決定すればよいでしょう。乗務員については一般的に下記のような事項が考えられますが、会社の経営方針、実情等により適宜加除修正してください。

○○タクシー株式会社
代表取締役　○○○○　殿

　この度、私は貴社に入社し、乗務員として選任されるに当たり次の事項を誓約します。
もし、これに反した場合はいかなる処分を受けることとなっても異議は申しません。
①　入社に当たり提出した履歴書、面接カード、健康診断書、病歴報告書等及び面接官
　への回答内容について虚偽の事実又は隠ぺいがないこと
②　運輸関係法令、会社の就業規則、服務規程等の諸規程を遵守すること
③　業務遂行上の指示、命令に従うこと
④　無断欠勤は絶対にしないこと
⑤　交通事故防止について細心の注意を払うこと
⑥　公安委員会から運転免許に係る処分を受けたときはすみやかに会社に報告すること
⑦　お客様へのサービス向上に徹すること
⑧　職務上知り得た秘密は厳守すること
⑨　会社の業務に専念し、社内外を問わず会社の名誉、信用を害する行為をしないこと
⑩　私及び私の扶養家族の個人情報について会社が定める利用目的の範囲内で会社が使
　用することを承諾すること
⑪　アルコール、麻薬、大麻、覚せい剤等の薬物中毒者ではなく、会社が適宜行う薬物
　検査を受けることについて同意すること
⑫　反社会的勢力又はこれらに準ずる者との間にいかなる関係も有しておらず、今後も
　有しないこと
　上記事項を確認・承諾いたしましたので、署名捺印の上、提出いたします。
　　年　　　月　　　日
　　　　　　　　　　　　　　　　　　　　　　　　住所
　　　　　　　　　　　　　　　　　　　　　　　　氏名　　　　　　　　　印

　なお、誓約書には違約金の定め（労基法16条）、労働組合活動の禁止など法律で禁じら
れた事項について盛り込むことは当然できません。

身元保証契約はどのように結べばよいですか。

　　労働者が会社に損害を与え本人に賠償能力がない場合、身元保証人が本人に代わって損害賠償を行うことを約す身元保証契約は、「身元保証ニ関スル法律」に反しない範囲で会社と身元保証人の間で自由に結べばよいのですが、一般的には、

① 　保証責任の範囲

② 　保証の内容

③ 　契約期間

④ 　使用者の通知義務

等を定めることが多いようです。このうちの③契約期間については、最長5年（更新する場合も5年）とされています。

　なお、令和2年4月施行の改正民法465条の2（個人根保証契約の保証人の責任等）により、個人根保証契約（一定の範囲に属する不特定の債務を主たる債務とする保証契約であって保証人が法人でないもの＝身元保証契約もこれに該当）における保証人は、損害賠償の額について極度額の限度で責任を負うこととされ、かつ、この極度額を定めない個人根保証契約は効力が生じないこととされましたので留意してください。

　　短期間で退職した乗務員に対し会社が負担した第二種免許取得費用を請求することは許されますか。

　　労働契約の不履行や労働者の不法行為について一定額の違約金を定め、又は損害賠償を約束する慣行が従来みられましたが、こうした制度はともすると労働の強制につながりかねないものです。このため、労基法は「使用者は、労働契約の不履行について違約金を定め、又は損害賠償額を予定する契約をしてはならない。」（労基法16条）と規定し、労働者の自由意思を

不当に拘束することにより労働関係の継続を強いることがないようにしています。

　タクシー業界では、第二種免許取得費用の負担をめぐり、本条が問題になる可能性があります。例えば、一旦事業者が所要の費用を与え、一定期間事業者の下で勤務しない場合は、労働者に対し損害賠償としてその額を払わせることとすれば、損害賠償予定の契約と考えられることがあり、その場合は労基法16条違反となります。

　これに対し、費用の援助が純然たる貸与（金銭消費貸借契約）として定められたもの、すなわち、その一般的返還方法が労働契約の不履行と無関係に定められ、単に一定期間勤務した場合は返還義務を免除することが定められているにすぎないと認められる場合は、違反しないものと解されます。

　東京地裁の裁判例（東京地判平20・6・4労判973・67）でも、「第二種免許の取得はＹ社の業務に従事する上で不可欠な資格であり、その取得のための研修はＹ社の業務と具体的関連性を有するものではある。しかしながら、第二種免許はＸ個人に付与されるものであって、Ｙ社のようなタクシー業者に在籍しなければ取得できないものではないし、取得後はＹ社を退職しても利用できるという個人的利益がある（現にＸはこの資格を利用して転職している。）ことからすると、免許の取得費用は、本来的には免許取得希望者個人が負担すべきものである。そして、研修費用返還条項によって返還すべき費用も20万円に満たない金額であったことからすると、費用支払を免責されるための就労期間が2年であったことが、労働者であるタクシー乗務員の自由を不当に拘束し労働関係の継続を強要するものとはいい難い。本件の研修費用返還条項は、本件雇用契約の継続を強要するための違約金を定めたものとはいえず、労基法16条に違反しない。」とされています。

無期転換ルールとは。

　無期転換ルールとは、労契法18条の「有期労働契約が更新されて通算5年を超える労働者が期間の定めのない労働契約締結の申込みをしたときは、使用者はその申込みを承諾したものとみなす。」という規定によるもので、有期労働契約（期間の定めのある労働契約）が反復更新されて

通算5年を超えたときは、労働者の申込みにより期間の定めのない労働契約（無期労働契約）に転換できる（会社は断ることができない）というルールをいいます（下図参照）。

　無期転換申込権の行使によって変更になるのはそれまでの有期労働契約が無期労働契約になるということだけであって、別段の定めをしない限り、賃金、労働時間等の労働条件は変わりません。

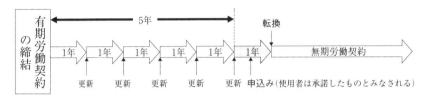

Q31 無期転換ルールの特例とは。

A 　有期労働契約が通算5年を超えたら労働者に無期転換申込権が発生し、所定の申込みにより無期労働契約に転換するというのが無期転換ルールですが、これには二つの特例が認められています。

　　一つは専門的知識を有する者に関する特例であり、他の一つは60歳以上の定年制による定年後に引き続き継続雇用される高齢者に関する特例です。

　ここでは、タクシー事業で適用が想定される後者についてみていきます。これは、この特例の適用を希望する事業主が「第二種計画認定・変更申請書」を所轄労働基準監督署長経由で都道府県労働局長に提出し、認定を受けると、有期契約労働者（継続雇用の高齢者）について、その事業主に定年後引き続き雇用されている間は、5年を超えたとしても無期転換申込権が発生しないというものです（下図参照）。

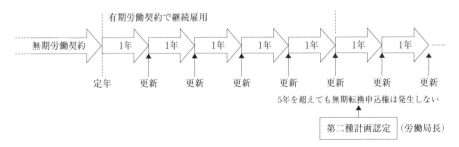

　この特例の対象は、あくまでも定年後に継続雇用される者ですから、当初から有期契約労働者として採用された者や他社を定年退職した後有期契約により新採用された者などは、特例の対象にはなりません。なお、これら当初から有期労働契約の者が通算5年を超えて勤務すると無期転換申込権が発生しますので、無期労働契約をどこかで終了させるためには、これらの者を対象とした定年制を定めることが考えられます。

 　試用期間中に妊娠が判明した場合、本採用を拒否することはできますか。

　本採用の拒否が、試用期間中又は試用期間経過後に解雇をするという意味だとすると、均等法9条3項で、女性労働者が妊娠したことを理由として解雇その他不利益な取扱いをしてはならないと規定していますので、本採用を拒否することは困難と考えられます。ただし、当該女性労働者と話し合い、合意の上で退職することは何ら問題ありません。なお、この場合も退職を強要するようなことがあってはなりません。

※　労働者に対する性別を理由とする差別の禁止等に関する規定に定める事項に関し、事業主が適切に対処するための指針（平18・10・11厚労告614）第4

　タクシー事業において副業を認めることは適切でしょうか。

　政府の「働き方改革実行計画」（平成29年3月28日働き方改革実現会議）に基づき、厚生労働省で「副業・兼業の促進に関するガイドライン」（平成30年1月）が策定されました。題名が「〜促進に関するガイドライン」となっていることから、副業・兼業は望ましいこと、促進すべきことと捉えているようにみえますが、果たしてタクシー事業とりわけ乗務員について妥当なのでしょうか。

　副業・兼業については、裁判例をみると、労働者が労働時間以外の時間をどのように利用するかは基本的に労働者の自由だとの考え方を基本に、副業・兼業を全面的に禁止することは認められないとしています。

　しかし、一方で、副業・兼業が、①職務専念義務の観点から労務提供に支障の出るおそれがある場合、②企業秘密が漏えいするおそれがある場合、③会社の名誉や信用を損なう行為や信頼関係を破壊する行為がある場合、④競業により会社の利益を害するおそれがある場合、などにはこれを禁止又は制限することができるとされています。

　運輸規則では「旅客自動車運送事業者は、乗務員が事業用自動車の運行の安全の確保のために遵守すべき事項及び乗務員の服務についての規律を定めなければならない。」(同規則41条)とされ、乗務員服務規律では例えば、「乗務員は、明番、公休日には十分な休養をとり、乗務に当たっては常に心身共に健全な状態で臨むこと。」というような規定を設けているのが一般的です。これは、乗務員は疲労、疾病、飲酒、睡眠不足、その他の理由により安全な運転ができないおそれがあるときは、乗務してはならないことになっているため、明番を含む休息期間中は十分な休養を取り次の勤務に備える時間と位置付けられていることによるものです。

　また、乗務員の多くは変形労働時間制の下、改善基準告示の拘束時間の範囲内で隔日勤務又は日勤勤務(時間外労働時間を含みます。)を行っているのが現状です。隔日勤務の明番や日勤勤務の勤務終了後に兼業を認めると長時間労働や過労運転となるおそれがあります。また、労働時間の管理も極めて困難になります。

　したがって、少なくともフル勤務のタクシー乗務員については、兼業又は副業を行うことは適切ではないといわざるを得ません。

　なお、他の会社で短時間勤務している者を短時間の自動車運転業務に就かせることは、労働時間の通算を適切に行う限り可能と考えます。

【参考1】　辰巳タクシー事件 (仙台地判平元・2・16判タ696・108)

　タクシー運転手Xが会社の許可なくガス器具の販売業を営んでいたことを理由として懲戒解雇されたのに対し、その効力を争った事例。

(判　旨)

　乗客の生命、身体を預かるタクシー会社にとって事故を防止することは企業存続上の至上命題であり、社会的に要請されている使命でもあるから、従業員たる運転手が非番の日に十分休養を取り体調を万全なものとするように期待し、且つ、心労や悩み

の原因となる事由をできるだけ排除し、もって安全運転を確保すると共に、従業員の会社に対する労務提供を十全なものたらしめようとすることは当然であり、このような趣旨からＹ社が従業員の副業を懲戒解雇事由として禁止していることには十分な合理性があるものと解すべきである。しかるところ、前記認定によれば、Ｘが従事していた副業は、曽ては本業としていた程の営業であり、売上高や利益はＸ自身が述べるとおり現在でも相当額に達し、単なるアルバイトからの臨時収入といえない程Ｘの生計にとって不可欠な規模に達しており、Ｘ自身がその販売、配達、据付、修理等の労務に従事することにより、非番等の日における心身の休養時間が少なくなるのみならず、経営上の悩みや心労を伴うことが不可避であるといわなければならない。しかも、Ｘは、Ｙ社において副業が禁止されていることを十分認識していながら、就職後も継続して右の副業に従事していたのである。

　したがって、Ｘが右のとおり副業を行いながらＹ社の運転業務に携ることにより、事故防止というタクシー会社に課せられた使命の達成が危うくなると共に、従業員の会社に対する労務提供の確保という目的も達せられなくなることは明らかであるから、Ｘが右のとおり副業を行っていたことは懲戒解雇事由に該当する。

【参考2】　都タクシー事件（広島地決昭59・12・18労民35・6・644）

　非番日に会社に無断で輸送車の移送、船積み等をするアルバイトを1か月平均7、8回行っていたタクシー運転手が、就業規則の懲戒解雇事由「会社の承諾なき兼職」に該当するとして普通解雇されたことに対し、その効力を争った事例。

（判　旨）

　Ｙ社の就業規則は会社の事前承諾を得ない従業員の兼職を禁止しているものと解されるが、労働者は原則として労働契約に定められた労働時間のみ服務する義務を負うものであるし、就業規則において兼業禁止違反の制裁が懲戒解雇を基準としていること等に照らすと、就業規則によって禁止されるのは会社の秩序を乱し、労務の提供に支障を来たすおそれのあるものに限られると解するのが相当である。

　これを本件についてみるに、Ｙ社のタクシー運転手Ｘの就労時間は午前8時から翌日午前2時までであり、勤務日が1か月13日くらいでその余が非番日あるいは休日となること、Ｘのアルバイトの回数（多いときには1か月10回以上）、継続した期間、及び後記するように連絡責任者の地位はそれ程重要視すべきでないとしてもＸからの連絡により従業員4、5人がアルバイトに行くようになること（予め定められた順に従って

機械的に連絡していたとは認め難い。）、タクシー乗務の性質上、乗務前の休養が要請されること等の事情を考えると、<u>Xの本件アルバイト（連絡責任者としての行為を含む）は、Y社の就業規則により禁止された兼業に該当する</u>と解するのが相当である。（中略）

（しかし）<u>Y社がXに対し何らの指導注意をしないまま直ちになした解雇は</u>（懲戒解雇を普通解雇にしたとしても）余りに過酷であり、<u>解雇権の濫用として許されない</u>ものと認めるのが相当である。

労働者は70歳まで働かせる必要があると聞いたのですが。

高年齢者に何歳まで働いてもらうかについては、高年齢者雇用安定法に定めがあります。この法律は、少子高齢化が急速に進行し人口が減少する中で経済社会の活力を維持するため、働く意欲がある誰もが年齢にかかわりなくその能力を十分に発揮できるよう環境整備を図ることを目的にしています。

高年齢者雇用安定法では、従来、

① 事業主が定年を定める場合は、その定年年齢は60歳以上としなければならないこと（高年齢者雇用安定法8条）

② 定年を65歳未満と定めている事業主は以下のいずれかの措置（高年齢者雇用確保措置）を講じなければならないこと（高年齢者雇用安定法9条）

　㋐　65歳までの定年の引上げ

　㋑　定年制の廃止

　㋒　65歳までの継続雇用制度（再雇用制度・勤務延長制度等）の導入（子会社・関連会社等によるものを含みます。）

継続雇用制度の適用者は原則として「希望者全員」です。

　※　平成25年4月1日までに労使協定により制度適用対象者の基準を定めていた場合、その基準を適用できる年齢を令和7年3月31日までに段階的に引き上げなけ

　　ればなりません。

が定められていました。

　　ところが、令和2年3月、同法が改正され、上記65歳までの雇用確保（義務）に加え、高年齢者就業確保措置として65歳から70歳までの就業機会を確保するため、以下のいずれかの措置を講ずる努力義務が新設されました（高年齢者雇用安定法10条の2）（令和3年4月1日施行）。

①　70歳までの定年引上げ

②　定年制の廃止

③　70歳までの継続雇用制度（再雇用制度・勤務延長制度等）の導入（子会社・関連会社等に加えて、他の事業主によるものを含みます。）

④　70歳まで継続的に業務委託契約を締結する制度の導入

⑤　70歳まで継続的に以下の事業に従事できる制度の導入

　㋐　事業主が自ら実施する社会貢献事業

　㋑　事業主が委託、出資（資金提供）等する団体が行う社会貢献事業

　※　上記④及び⑤は創業支援等措置（雇用によらない措置）であり、あらかじめ事業主は、労働者の過半数を代表する労働組合がある場合にはその労働組合、労働者の過半数を代表する労働組合がない場合には労働者の過半数を代表する者の同意を得ておく必要があります。

　　なお、事業主は毎年6月1日時点の高年齢者の雇用状況を7月15日までに主たる事務所を管轄する公共職業安定所を経由して厚生労働大臣に報告しなければなりません（高年齢者雇用安定法52条1項、高年齢者雇用安定則33条）。この報告は事業所の規模にかかわらず、全ての事業主が行う必要があります。

第3章　就業規則

就業規則とは。

　　就業規則とは、労働者の就業上遵守すべき規律及び労働条件に関する細目について使用者が定める規則類の総称をいいます。

　　就業規則は以下のような機能を持っています。就業規則というツールを用いて、会社の労務管理の一層の適正化を図るためには、これらの機能を十分理解しておくことが求められます。

① 労働条件の見える化により、会社の労働条件が労働基準保護法令を下回っているか（この場合は直ちに変更する必要があります。）、同水準か、それを上回っているか一目瞭然となります。

② 多数の労働者を雇用して事業を営む中で、労働条件の統一的かつ公平な管理が可能となります。明確な規定があれば誰が労務管理を担当しても同一の内容になるし労働者も予見可能となります。

③ 労働条件が曖昧だと労働者は不安になります。また、服務規律や懲戒の規定により、労働者として何をすべきか、何をしてはいけないかが明確となっていますので、労働者は安心して働くことができますし、良好な労使関係の構築にも役立ちます。

④ 労働条件を明確にしていないと、無用なトラブルが発生しやすくなります。トラブルの発生は、解決するまでに多大な時間と労力を要し、不愉快な思いをし、時には公的な機関が関与してくるかもしれず、いいことは一つもありません。

⑤ 働き方改革の流れに即した法に適合した就業規則があることは、男女を問わず優秀な人材の確保・定着に必要不可欠です。

　　労基法は、このような就業規則の重要な機能に着目し、92条1項で「就業規則は、法令又は当該事業場について適用される労働協約に反してはならない。」と規定内容に一定の限界を設定するとともに、所轄労働基準監督署長に届けさせることにより行政的な監督を実施することとしています（違反の場合は30万円以下の罰金。（労基法120条1項））。

就業規則の作成義務、作成手続について教えてください。

　　　就業規則について労基法89条は、「常時10人以上の労働者を使用する使用者は、次に掲げる事項について就業規則を作成し、行政官庁（所轄労働基準監督署長）に届けなければならない。」と規定しています。

　　　「常時10人以上の労働者」とは、事業場において時として10人未満になることはあっても、状態として10人以上の労働者を使用しているという意味です。この労働者には正社員はもちろん、短時間労働者や有期契約労働者も含まれます。

　「次に掲げる事項」とは、次のとおりです。

①　始業及び終業の時刻、休憩時間、休日、休暇並びに労働者を二組以上に分けて交替に就業させる場合においては就業時転換に関する事項

②　賃金（臨時の賃金等を除く。以下この号において同じ。）の決定、計算及び支払の方法、賃金の締切り及び支払の時期並びに昇給に関する事項

③　退職に関する事項（解雇の事由を含む。）

③の2　退職手当の定めをする場合においては、適用される労働者の範囲、退職手当の決定、計算及び支払の方法並びに退職手当の支払の時期に関する事項

④　臨時の賃金等（退職手当を除く。）及び最低賃金額の定めをする場合においては、これに関する事項

⑤　労働者に食費、作業用品その他の負担をさせる定めをする場合においては、これに関する事項

⑥　安全及び衛生に関する定めをする場合においては、これに関する事項

⑦　職業訓練に関する定めをする場合においては、これに関する事項

⑧　災害補償及び業務外の傷病扶助に関する定めをする場合においては、これに関する事項

⑨　表彰及び制裁の定めをする場合においては、その種類及び程度に関する事項

⑩　前各号に掲げるもののほか、当該事業場の労働者のすべてに適用される定めをする場合においては、これに関する事項

　なお、このうち①から③までは、「絶対的必要記載事項」（就業規則に必ず記載しな

ければならない事項）といい、③の2から⑩までは「相対的必要記載事項」（各事業場でルールを定める場合には記載しなければならない事項）といいます。絶対的又は相対的の違いはありますが、いずれも必要記載事項であることに変わりがないため、一部でも欠けると、労基法89条違反となります。また、このほかに就業規則の制定趣旨や解釈・適用に関する規定など使用者が自由に盛り込むことができる「任意記載事項」もあります。

　就業規則を作成し、又は変更する場合には、労基法90条により、「当該事業場に、労働者の過半数で組織する労働組合がある場合においてはその労働組合、労働者の過半数で組織する労働組合がない場合においては労働者の過半数を代表する者の意見を聴かなければな」りません。この意見を記した書面を意見書といい、就業規則作成・変更届に添付することになっています。

 労働者代表が意見書に反対と記載した場合又は提出を拒んだ場合は、どうすればよいですか。

 労働者代表が反対の場合について次の解釈例規がありますので、そのまま添付してください。すなわち「就業規則に添付した意見書の内容が当該規則に全面的に反対するものであると、特定部分に対して反対するものであるとを問わず、又その反対事由の如何を問わず、その効力の発生についての他の要件を具備する限り、就業規則の効力には影響がない。」（昭24・3・28基発373）。

　また、意見書の作成に協力してもらえない場合には、就業規則の届出に協力するよう説得に努めるべきですが、どうしても協力が得られない場合には、次の解釈例規が参考になります。すなわち「就業規則の作成、届出及び受理については、施行規則第49条に示してあるが、労働組合又は労働者の過半数を代表する者の意見書に労働者代表の署名又は記名押印がないことを理由として受理しない向もあるようであるが、労働組合が故意に意見を表明しない場合又は意見書に記名押印しない場合でも、意見を聴いたことが客観的に証明できる限り、これを受理するよう取り扱われたい」（昭23・

5・11基発735）（ただし、令和3年以降押印は廃止となっています。）。したがって、就業規則受付窓口において適正に意見聴取を行ったことを疎明する書類・写し等で説明してください。

 当社には正社員のほか、定時制乗務員やパート従業員、嘱託などがいますが、就業規則は正社員について作成してあれば足りますか。

 就業規則は会社で働く全ての労働者を対象に漏れなく定める必要がありますので、それぞれの就業形態について絶対的及び相対的必要記載事項が明確に定められている必要があります。

　　令和3年4月に施行されたパート有期法により、正社員と短時間・有期雇用労働者との間で労働条件について不合理と認められる相違を設けることが禁じられました。しかし、全く同一に扱わなければならないわけではなく、就業形態による合理的な取扱いの相違は許容されています。

　そこで就業規則を作成する場合には、就業形態別に○○就業規則、△△就業規則というように複数作成する方法（複数あっても全体が労基法上の就業規則となります。）と、一つの就業規則の中で就業形態別に書き分けていく方法があります。

　いずれも一長一短がありますが、就業形態別に作成する方が、そもそも長期雇用を前提とする正社員とそうではない短時間・有期雇用労働者との本質的な違いがある中で、両者を混同せず、労働条件を明確に示すことができます。また正社員と同様に扱う事項も多いかと思われますが、それについては、正社員の就業規則を準用すれば、コンパクトに示すことができます。

　なお、定時制乗務員、パート従業員、嘱託などがいるのに正社員用の就業規則しか作成していない場合は、特則や除外規定がない限り、全ての就業形態の労働者に正社員用の就業規則が適用されることになります。

当社では就業規則の他に賃金規程がありますが、賃金規程は届出の手続を行っていません。問題ありますか。

就業規則は、多岐にわたる記載事項をカバーするため大部となりがちです。そこで就業規則の一部を「賃金規程」、「慶弔規程」、「安全衛生規程」などとして別規則とすることが行われています（また、一定の事項について別表を作成することもあります。）。これら別規則（別表）についても就業規則の一部であることに変わりがありませんので、本規則と同時に作成しなければなりません。また、その手続（届出義務、意見聴取義務、周知義務など）も効力も本規則と同様です。

したがって、賃金規程も就業規則の一部として所轄労働基準監督署長への届出の手続が必要です。

就業規則の周知について教えてください。

作成した就業規則は、労働者一人ひとりへの配付、労働者がいつでも見られるように職場の見やすい場所への掲示・備付け、あるいは電子媒体に記録し、それを常時モニター画面等で確認できるといった方法により、労働者に周知しなければなりません（労基法106条1項、労基則52条の2）。

第4章　労働時間

第1　総　論

労働時間とは。

　　労基法は労働時間に関し多くの規定を設けていますので、この概念を正確に理解することは極めて重要です。さて、労基法上の労働時間とは、労働者が使用者の指揮命令下に置かれている時間をいいます。必ずしも現実に精神又は肉体を活動させていることを要件としていません。「使用者の指揮命令下に置かれている」か否かは、客観的に定まるものであって、労働契約、就業規則、労働協約等の定めいかんにより決定されるものではありません（最一判平12・3・9労判778・14）。また、明示的なものである必要はなく、黙示の指示により行われている場合も労働時間です（「労働時間の適正な把握のために使用者が講ずべき措置に関するガイドライン」（平29・1・20厚生労働省））。

　上記ガイドラインでは、次のような時間は、労働時間に該当すると例示しています。

①　使用者の指示により、就業を命じられた業務に必要な準備行為（着用を義務付けられた所定の服装への着替え（※）等）や業務終了後の業務に関連した後始末（清掃等）を事業場内で行った時間

②　使用者の指示があった場合には即時に業務に従事することを求められており、労働から離れることが保障されていない状態で待機している時間（いわゆる「手待時間」）

③　参加することが業務上義務付けられている研修・教育訓練の受講や、使用者の指示により業務に必要な学習等を行っていた時間

※　着替えについてはQ45参照。

法定労働時間・法定休日とは。

　　労基法では、「休憩時間を除き1週間について40時間を超えて、…1日について8時間を超えて、労働させてはならない。」（労基法32条）と労働時間の原則を定めており、この「1週40時間及び1日8時間」を法定労働時間といいます。法定労働時間を超えて適法に労働させる（「時間外労働」といいます。）ためには、事前の労使協定の締結及び行政官庁（労働基準監督署長）への届出と割増賃金の支払が必要です（労基法36条・37条）。

　また、同法では「毎週少なくとも1回の休日を与えなければならない。」（労基法35条1項）として週休制の原則を定めています。この「毎週少なくとも1回の休日」が法定休日です。ただし、「前項の規定は、4週間を通じ4日以上の休日を与える使用者については適用しない。」という例外が定められています（労基法35条2項）。法定休日に適法に労働させるためには、事前の労使協定の締結及び行政官庁（労働基準監督署長）への届出と割増賃金の支払が必要です（労基法36条・37条）。

　なお、労基法35条の法定休日は、原則として暦日単位で付与されるべきものですが、自動車運転者については令和4年12月23日基発1223第3号「自動車運転者の労働時間等の改善のための基準の一部改正について」（以下「基本通達」といいます。）で、

① 　日勤勤務の場合…9時間（休息期間）＋ 24時間 ＝ 33時間

② 　隔日勤務の場合…22時間（休息期間）＋ 24時間 ＝ 46時間

を休日として取り扱うこととされています（令4・12・23基発1223第3）。これは、前の出番の終了時刻から次の出番の開始時刻までの間に連続33時間又は46時間以上が確保されていれば1暦日を含まなくても法定休日として取り扱うと同時に、たまたま1暦日が含まれていても、上記の時間が確保されていなければ法定休日としては取り扱わないとする趣旨です。

　さらに上記①又は②の時間に24時間プラス（日勤57時間、隔勤70時間）すれば法定休日2日分、48時間プラス（日勤81時間、隔勤94時間）すれば法定休日3日分を、それぞれ付与した扱いとなります。

法定労働時間が週に40時間というときの「週」とは。

 事業場の就業規則等で定めれば「日曜から土曜まで」又は「月曜から日曜まで」など選ぶことができます。なお、就業規則等に別段の定めがない場合は、「日曜から土曜まで」の暦週をいうものと解されます（昭63・1・1基発1・婦発1）。

 乗務員の労働時間はハンドル時間とイコールと考えてよいですか。

 答えは否です。労働時間とは「労働者が使用者の指揮命令下に置かれている時間」のことをいいます（Q41参照）。したがって乗務員については、ハンドルを握っている時間のほか、出庫前の点呼や始業前点検、帰庫後の納金、報告、洗車などに従事する時間も、全て労働時間となります。

なお、労働時間（拘束時間）の把握方法について就業規則に定める際には、次のような規定例がありますので参考にしてください。

（乗務員の始業時刻及び終業時刻）
第〇条　乗務員の始業時刻は、出社後出庫するまでに行われる点呼、始業前点検等に要する時間を〇分と取り扱い、出庫時刻の〇分前とする。乗務員の終業時刻は、帰庫後の納金、報告、洗車、点呼等に要する時間を△分と取り扱い、帰庫時刻の△分後とする。

　ただし、実際に当該時間を超えた場合であって、乗務員が理由を明らかにして申し出、かつ、会社が認めたときは、その時間により始業・終業時刻を確定する。

（乗務員の始業時刻及び終業時刻）
第〇条　乗務員の実際の始業時刻は出庫前の点呼開始時刻（アルコールチェック時刻）
　とし、終業時刻は帰庫後の納金、報告、洗車等を終了した後の点呼終了時刻（アルコ
　ールチェック時刻）とする。
（注）　この規定例は、アルコールチェックの前後に労働時間に該当する時間がないことが前提
　となります。

乗務員の制服への着替え時間、洗車機の順番待ちは労働時間です
か。

　　　　　有害環境下での作業など着替えそのものが使用者の厳重な管理下にお
いて行われるような場合や事務所内において行うことが使用者から義務
付けられているような場合などは労働時間に該当しますが、乗務員の着
替えについては一般的に使用者の指揮命令下の労働とは解されず、労働
時間には該当しないと考えられます。
　参考になる判例として、「入門後職場までの歩行や着替え履替えは、それが作業開始
に不可欠なものであるとしても、労働力提供のための準備行為であって、労働力の提
供そのものではないのみならず、特段の事情のない限り使用者の直接の支配下におい
てなされるわけではないから、これを一律に労働時間に含めることは使用者に不当の
犠牲を強いることになって相当とはいい難く、結局これをも労働時間に含めるか否か
は、就業規則にその定めがあればこれに従い、その定めがない場合には職場慣行によ
ってこれを決するのが最も妥当である」（最一判昭59・10・18労判458・4）とするものがあ
ります。
　次に洗車機の順番待ちの時間については、洗車機による洗車を義務付けているよう
な場合には、使用者の指揮命令下にある時間として労働時間に該当します。

乗務員が会社の指定した場所以外で客待ち待機を行った場合、これを労働時間と認めず、賃金カットすることはできますか。

 ご質問の場合は懲戒の対象にはなり得ますが、労働時間と認めないことは困難と思われます。詳しくは次の裁判例（中央タクシー事件＝大分地判平23・11・30労判1043・54）を参考にしてください。

〈事案の概要〉

Y社は、指定した場所以外での客待ち待機は非効率なため、労働組合とも協議を重ね、組合員にも周知徹底の上、30分を超える指定場所以外での客待ち待機時間は労働時間に該当しないとして賃金カットしていた。

（判　旨）

① 労基法にいう労働時間とは、労働者が使用者の明示又は黙示の指揮命令ないし指揮監督の下に置かれている時間をいうが、Xらの客待ち待機をしている時間は、30分を超えるものであっても、Y社の具体的な指揮命令があれば直ちにその命令に従わなければならず、また、Xらは労働の提供ができる状態にあったのであるから、Y社の明示又は黙示の指揮命令ないし指揮監督の下に置かれている時間であったことは明らかである。

② 仮に、Y社が30分を超えるY社の指定場所以外での客待ち待機をしないように命じていたとしても、その命令に反した場合に、労基法上の労働時間でなくなるということにはならない（命令に従わないことについて適正な手続で懲戒処分ができるとしても、この命令に従わないことで労働時間に該当しないということはできない。）。

③ ある時間が労基法上の労働時間に該当するか否かは、当事者の（労働協約等の）約定にかかわらず、客観的に判断するべきであるから、労働協約の規定があったとしても、労基法上の労働時間に該当しなくなるわけでもない（ただし、労働協約にその旨の明文の基準規定はなかったとされている。）。

④ Y社は、XらのA駅構内等における30分を超える客待ち待機時間につき、信義則に反し債務の本旨に従った労働と評価されないと主張するが、労働時間として否定

されるほど、あるいは、およそ労働とは認められないほどの信義則違反とは認められない。

ホテルのタクシー乗り場で20〜30分に1組の頻度でお客様があるような場合、待機している時間は全て労働時間として扱わなければなりませんか。

いわゆる手待時間とは、使用者の指示があった場合に即時に業務に従事することが求められ、労働から離れることが保障されていない状態で待機している時間のことをいい、労働時間に該当します（Q41参照）。この手待時間（待機時間＝労働時間）と休憩時間（Q51参照）とをどのように判別するかは、極めて困難な問題です。ご質問の場合でも待機列の先頭と2番目以降で取扱いが異なる可能性があります。最終的には現場の実情に精通している関係労使で合理的に決すべきものであり、一定の車両停止時間を基準に個別具体的な事情を加味して判別することも一方法と考えられます（Q52参照）。

乗務員を対象とした明番集会は労働時間ですか。

明番集会に欠席した乗務員に対し何らかの不利益を課すなど参加が強制されていると認められる場合には、明番集会は「労働者が使用者の指揮命令下に置かれている時間」と捉えざるを得ず、明番集会の時間は労働時間として扱う必要があります。

なお、明番集会を勤務終了後に行う場合、割増賃金の支払や改善基準告示の最大拘束時間をオーバーしてしまう可能性があることなどから、勤務時間の中（いわゆる「出番集会」）で効率的に行う事業者も増えつつあります。

タクシー乗務員の業務は労基法上の事業場外労働には該当しないのですか。

労基法は、「労働者が労働時間の全部又は一部について事業場外で業務に従事した場合において、労働時間を算定し難いときは、所定労働時間労働したものとみなす。」（労基法38条の2）と事業場外労働のみなし労働時間制を規定しています。

タクシー乗務員の大半の業務は事業場外で行われていることはそのとおりですが、通常はデジタル式運行記録計などから事業場外の労働時間を算定できるため、「労働時間を算定し難いとき」には該当せず、労基法上の事業場外労働のみなし労働時間制の対象には該当しません。

したがって、使用者は個々の乗務員について、一律に所定労働時間労働したとみなすことはできず、実際の労働時間を把握しなければなりません。

乗務員の始業時刻・終業時刻とは。

乗務員の始業・終業時刻には二つの意味があります。第一に就業規則等に規定される勤務時間を示すものとしての始業・終業時刻です。これは一度決めれば、日々変わることはありません。第二に各乗務員ごと、各労働日ごとの実際の労働時間（拘束時間）の起点・終点としての始業・終業時刻です。こちらは通常勤務ごとに変わり得るものです。

後者の始業時刻については、一般的には、出庫に先立って行う、アルコールチェック、対面点呼、車両の始業前点検などを開始した時刻になります。出庫時刻及びアルコールチェック時刻は乗務員ごとに客観的な記録が残りますから、これらの時刻そのもの又はこれらを参考にして始業時刻を把握・記録することになります。

また、乗務員の終業時刻は、一般的には帰庫後、運転日報作成、アルコールチェック、納金業務、洗車などを終了した時刻になります。帰庫時刻及びアルコールチェック時刻も乗務員ごとに客観的な記録が残りますから、これらの時刻そのもの又はこれ

らを参考にして終業時刻を把握・記録することになります。

　なお、就業規則の記載例についてはQ44を参照してください。

休憩時間とは。

　休憩時間とは、労働時間の途中にあって、労働者が権利として労働から離れることを保障されている時間をいいます。始業時刻から終業時刻までを拘束時間といい、拘束時間から休憩時間を除いた時間が労働時間になるという関係にあります。

　法定の休憩時間は労働時間が6時間を超える場合は少なくとも45分、8時間を超える場合は少なくとも1時間以上を与えなければならないとされています（労基法34条）。このように最少時間は定められていますが、最長時間についての定めはありません。

　休憩時間には単に作業に従事しない手待時間は含まれません。手待時間は使用者の明示又は黙示の指示があれば直ちに作業に従事しなければならない点で労働から離れることを保障されている時間とはいえないためです。

　工場や事務労働では、休憩時間は一斉に付与されることが多いため、把握・管理は容易です。しかし、タクシー乗務員については、個々の乗務員の日々の業務との関係で休憩時間を取ることになり、乗務員の裁量に委ねざるを得ない部分が多いため、特別な把握・管理が必要となります（Q52参照）。

乗務員の休憩時間はどのように把握すればよいですか。

　乗務員の休憩時間の把握については、運行記録計が備え付けられている車両においては、個々の乗務員ごとに走行・停止の客観的な時間管理が可能なため、それによることになります。とはいっても、車両停止時間のうちどの部分を休憩時間とするかについては、個々に判定するのは現実的には困難ですから、一定のルールの下に把握することが適当と考えられます。

　当該一定のルールを就業規則に定める場合、次のような規定例がありますので参考にしてください。

（乗務員の休憩時間）
第○条　乗務員の休憩時間は隔日勤務にあっては合計3時間、日勤勤務にあっては合計1
　時間30分とし、乗務員は、原則としてシフト基準で指定された時間帯に取得するよう
　にしなければならない。なお、継続○分以上車両が停止していた場合であって、乗務
　員から特段の申出がない時間については、その間、休憩を取得したものとして取り扱
　うものとする。

　なお、基本通達において「事業場外における休憩時間については、就業規則等に定めた所定の休憩時間を休憩したものとして取り扱うこととしたが、休憩時間が不当に長い場合は歩合給等の賃金体系との関連から休憩時間中も働く可能性があるので、事業場外での休憩時間は、仮眠時間を除き、原則として3時間を超えてはならないものとしたこと。」（令4・12・23基発1223第3）との記述がみられます。

　この前段部分については、あくまでも運行記録計が備え付けられていない車両についての取扱いに限定すべきと考えます。そうしないと、例えば、就業規則で定められた休憩時間が3時間のときに、運行記録計上1時間しか休憩時間を取らなかったと把握された乗務員についても所定の休憩時間3時間を取得したものと取り扱うことになり、運行記録計により把握した2時間の労働時間を切り捨てる結果となってしまうからです。

　　　乗務員が食事又は休憩場所に向かう時間は休憩時間として扱ってよいですか。

　　　乗務員が営業を一時中止し、休憩ボタンを押すとともに車内表示装置（スーパーサイン）を「回送」表示（※）した上で、食事又は休憩場所に向かう時間は自らのために走行していると捉えることができますので、労使協議の上で、この時間を使用者の指揮命令下から離れた時間、すなわち休憩時間として扱うことは可能と考えます。

　ただし、この場合は、回送走行の直後一定時間以上、実際に食事をし、又は休憩を取ったことを要件とすべきでしょう。

※　一般乗用旅客自動車運送事業者の事業用自動車の運転者は、食事若しくは休憩のため運送の引受けをすることができない場合又は乗務の終了等のため車庫若しくは営業所に回送しようとする場合には、回送板を掲出しなければならない（運輸規則50条6項）。

労基法上の管理監督者とは。

　労基法上の管理監督者に当たるかどうかは、労働時間の管理や割増賃金の支払の対象とすべき労働者かどうかを左右する重要な概念です。

　管理監督者である労働者には、労基法の労働時間・休憩・休日の規制が適用除外となります（ただし、深夜業の割増賃金及び年次有給休暇に関する規定は適用を排除されません。）（労基法41条2号）。なお、会社が管理監督者として扱っていても、実態として労基法上の管理監督者に該当していないのであれば、一般の労働者と同様の取扱いとしなければなりません。

　管理監督者とは、労基法上「事業の種類にかかわらず監督若しくは管理の地位にある者」（労基法41条2号）とされ、労働条件の決定その他労務管理について経営者と一体的な立場にある者の意であり、名称にとらわれず、実態に即して判断すべきものとされています（昭22・9・13発基17）。

　管理監督者に該当するかどうかの要件について、多くの裁判例は、①事業主の経営に関する決定に参画し、労務管理に関する指揮監督権限を認められていること、②自己の出退勤を始めとする労働時間について裁量権を有していること、及び③一般の従業員に比較しその地位と権限にふさわしい賃金（基本給、手当、賞与）上の処遇を与えられていることを挙げています（例として札幌地判平14・4・18判タ1123・145）。

　また具体的な裁判例には、留学・海外生活体験商品を扱うY社の支社長Xについて、「Xの職務内容は、部門の統括的な立場にあり、部下に対する労務管理上の決定権等はあるが、それは小さなものにすぎないといえる。また、時間外手当が支給されない

ことを十分に補うだけの待遇を受けておらず、出退勤についての自由も大きなものではないといえる。これを総合すれば、Xは、経営者との一体的な立場にあり、労働時間等の枠を超えて事業活動することを要請されるような地位とそれに見合った処遇にある者とはいえず、労働時間等に関する規定の適用を除外されることが適切であるとはいうことができない。したがって、Xは管理監督者には当たらないというべきであるから、Y社はXの時間外労働に対する手当の支払を免れないというべきである。」としたものがあります（ゲートウェイ21事件＝東京地判平20・9・30労判977・74）。

第2　36協定

 36協定とは。

　　労基法上の労働時間（法定労働時間）は1日8時間以下、1週40時間以下と定められ（労基法32条）、これを超える労働は原則禁じられています。また、1週間に1日又は4週に4日の休日（法定休日）に労働することも原則禁じられています（労基法35条）。しかし、常にこの枠内であらゆる事態に対応して業務を行うことは現実的ではなく、一定の手続を踏めば可能とされています。

　手続の第一は、法定労働時間を超え、又は法定休日に労働させる場合に「当該事業場に、労働者の過半数で組織する労働組合がある場合においてはその労働組合、労働者の過半数で組織する労働組合がない場合においては労働者の過半数を代表する者との書面による協定を締結し、これを行政官庁（労働基準監督署長）に届け出」ることです。労基法36条に規定されていることから、この協定のことを「36（※）協定」と呼んでいます。

　※　「36」の読み方はサブロク、サンロクのいずれでもかまいませんが、サブロクの方が多数派のようです（例…3月6日は36（サブロク）の日（日本記念日協会））。

　手続の第二は、法定の割増賃金を支払わなければならないということです。これについては他の設問で扱っています（Q149以下参照）。

Q 56 36協定と36協定届は何がどう異なるのですか。

 A　「36協定」とは、時間外・休日労働を適法に命ずるため、事業場に労働者の過半数で組織する労働組合がある場合においてはその労働組合、労働者の過半数で組織する労働組合がない場合においては労働者の過半数を代表する者との書面により締結するもの（協定当事者の署名又は記名・押印があるもの）をいいます（労基法36条1項）。

なお、36協定は労働組合と締結する労働協約とは目的・性格が異なりますが、労働協約の形式で締結された36協定は両者の性質（効力）を兼ね備えることになります（菅野労働法509頁）。

※　36協定には、以下の事項を定めることとされています（労基法36条2項）。

① 　労働時間を延長し、又は休日に労働させることができる労働者の範囲

② 　対象期間（労働時間を延長し、又は休日に労働させることができる期間をいい、1年間に限るものとします。）

③ 　労働時間を延長し、又は休日に労働させることができる場合

④ 　対象期間における1日、1か月及び1年のそれぞれの期間について労働させることができる時間又は労働させることができる休日の日数

⑤ 　労働時間の延長及び休日の労働を適正なものとするために必要な事項として厚生労働省令（労基則17条）で定める次の事項

㋐ 　協定の有効期間の定め

㋑ 　1年の起算日

㋒ 　労基法36条6項2号（1か月100時間未満）及び3号（2〜6か月平均80時間以下）の要件を満たすこと

㋓ 　限度時間を超えて労働させることができる場合

㋔ 　限度時間を超えて労働させる労働者に対する健康及び福祉を確保するための措置

㋕ 　限度時間を超えた労働に係る割増賃金の率

㋖ 　限度時間を超えて労働させる場合における手続

　一方、「36協定届」とは、上記協定の内容を労基則16条に基づき、使用者が所定の様式により、所轄労働基準監督署長へ届け出るもので、36協定とは別物です。なお、令和3年4月から36協定の様式が次の2点について変更されています。

① 　36協定届における押印及び署名の廃止（ただし、記名は必要です。また、労使で合意した上で労使双方の合意がなされたことが明らかとなるような方法、すなわち両者が36協定届に記名押印又は署名をすることにより、従前同様、36協定届が36協定（書）を兼ねる取扱いが認められています（昭53・11・20基発642）。）

② 　協定当事者に関するチェックボックスの新設（協定当事者が法定の要件を満たしていることを申告するため、チェックボックス2か所にチェックを入れることになりました。）

　36協定の締結に当たり「労働者の過半数を代表する者」として、総務課長を指名してもよいでしょうか。

　36協定の締結当事者となる過半数代表者については、次のいずれにも該当する者でなければならないとされていますので、適正に選出してください（労基則6条の2）。

　　①　労基法41条2号に規定する監督又は管理の地位にある者でないこと（Q54参照）。

② 　労基法に規定する協定等をする者を選出することを明らかにして実施される投票、挙手等の方法による手続により選出された者であって使用者の意向に基づき選出されたものでないこと。

　なお、「投票、挙手等」の「等」には、労働者の話合い、持ち回り決議等労働者の過半数が当該者の選任を支持していることが明確になる民主的な手続が含まれます。

　さて、ご質問の場合、会社側が総務課長を指名するのであれば、上記②に違反することになりますので、認められません。

事業場に複数の労働組合がありますが、いずれも労働者の過半数を組織していません。36協定はどのように締結すればよいでしょうか。

　　別途、労働者の過半数を代表する者を選出して、その者と協定を締結することになります。なお、複数の組合の組合員を合計すれば過半数となる場合であって、それぞれの組合代表の連署があるときは有効な協定と認められると解されています（昭28・1・30基収398等）。

　　事業場に労働者の過半数で組織する労働組合がない場合、36協定の労働者代表は、どの業務に従事している者を選べばよいのでしょうか。

　　労基法は、「当該事業場に、労働者の過半数で組織する労働組合がある場合においてはその労働組合、労働者の過半数で組織する労働組合がない場合においては労働者の過半数を代表する者との書面による協定をし…」（労基法36条）と規定しているのみで業務ごとに労働者代表を選出することを求めていません。また通常、36協定の締結は事業場内の異なる業務についてまとめて行うものです。

　　したがって、届出様式が複数になったとしても労働者代表は特定の1名（どの業務に従事しているかを問わず）となります。

　　なお、令和6年4月1日からは、届出様式は一本化されます（Q62参照）。

タクシー事業に関する時間外労働の上限規制について詳しく教えてください。

　　時間外労働の上限規制は、既に大企業については平成31年4月から、中小企業については令和2年4月から、それぞれ適用されています。なお、自動車運転の業務、建設事業などは、令和6年3月末まで適用が猶予されます（労基法36条・139条・140条、働き方改革関連法附則1条・3条）。したがって、タクシー事業においては、令和2年4月以降、運行管理、整備管理、経理等事務など自動車運転業務以外の労働者について上限規制に沿った対応が必要となっています。

　時間外労働の上限規制（一般則）の主な内容は次のとおりです。

(1)　そもそも労基法上、時間外労働・休日労働をさせるためには、事前の36協定の締結・届出と事後の割増賃金の支払が必要です。従来は労働時間の延長の限度について大臣告示で基準を示していましたが、罰則による強制力はありませんでした。

(2)　平成29年の法改正により、時間外労働の上限が罰則付きで労基法に規定されました。

①　時間外労働は原則、月45時間、年360時間までとされました（この範囲内でも36協定は必要です。）。

※　臨時的な特別の事情がなければ、限度時間（月45時間、年360時間）を超えて労働させることはできません。

②　臨時的な特別の事情があり労使が合意する場合（特別条項付き協定）であっても、次の範囲内としなければなりません。

㋐　年720時間（月60時間相当）まで

㋑　2か月間ないし6か月間に月平均80時間以内（休日労働を含みます。）（Q63参照）

㋒　月100時間未満（休日労働を含みます。）（Q64参照）

㋓　月45時間を超えることができるのは年間6か月が限度

(3)　その他

上記のとおり、時間外労働の上限規制は、月単位及び年単位で適用されますので、

1か月や1年の起算日、36協定の有効期間の始期などについては、各社の賃金計算期間と合わせるようにする（例えば15日締めの会社では、36協定の有効期間を令和○年3月16日から翌年3月15日までとするなど）と、管理がしやすくなります。

　次に、自動車運転業務については、上述したとおり、令和6年3月末まで適用が猶予されますが、令和6年4月以降は次のとおりとなります（労基法36条・140条）。

①　時間外労働は、1か月について45時間及び1年について360時間（1年単位の変形労働時間制を採用している場合であって、その対象期間として3か月を超える期間を定めているときは、1か月について42時間及び1年について320時間。）を超えない時間としなければなりません。

②　①に定める1年の限度時間を超えて労働させることができる時間を定めるに当たっては、事業場における通常予見することのできない業務量の大幅な増加等に伴い臨時的に当該限度時間を超えて労働させる場合であっても、時間外労働は年960時間（休日労働を含みません。月80時間相当）以内としなければなりません。

③　2か月間ないし6か月間に月平均80時間以内及び月100時間未満（いずれも休日労働を含みます。）の規制は適用されません。

④　月45時間を超えるのは年間6か月が限度との規制は適用されません。

⑤　なお、将来的な一般則の適用については引き続き検討されます。

　時間外労働が年960時間以内とされる自動車運転業務の範囲を教えてください。

　令和6年3月末まで適用猶予業務であり、令和6年4月1日から臨時的な特別の事情がある場合であっても時間外労働が年960時間以内とされる「自動車の運転の業務」（労基法140条・労基則69条2項）に従事する者とは、改善基準告示1条の自動車運転者の範囲と同じです（Q79参照）。

　すなわち、物品又は人を運搬するために四輪以上の自動車を運転することが労働契約上の主として従事する業務となっている者が原則として該当します（ただし、物品又は人を運搬するために自動車を運転することが労働契約上の主として従事する業務

となっていない者についても、実態として物品又は人を運搬するために自動車を運転する時間が現に労働時間の半分を超えており、かつ、当該業務に従事する時間が年間総労働時間の半分を超えることが見込まれる場合には「自動車の運転の業務に主として従事する者」として取り扱います。）（「働き方改革を推進するための関係法律の整備に関する法律による改正後の労働基準法関係の解釈について」（平30・12・28基発1228第15　第2問16））。

タクシー事業に関する36協定届の様式を教えてください。

タクシー事業に関する36協定届の様式は令和6年3月31日までは以下の様式が示されています。なお、労基則に定める様式は、必要な事項が記載できるように定められたものですが、必要な事項が記載されている限り、異なる様式を使用することも可とされています。

タクシー事業で使用する36協定届の様式

様　式	用　途	備　考
様式第9号	乗務員以外の労働者について、時間外・休日労働を行わせる場合	1枚
様式第9号の2	乗務員以外の労働者について、限度時間（月45時間・年360時間）を超えて時間外・休日労働を行わせる場合	2枚（表面・裏面）
様式第9号の4	乗務員について、時間外・休日労働を行わせる場合	1枚

ただし、令和6年4月1日からはタクシー事業の乗務員を始め、運行管理者、自動車整備、経理事務員等乗務員以外の業務を含めて一括して記入できる様式第9号の3の4及び様式第9号の3の5が示されています。

両者の違いは、様式第9号の3の4は限度時間内の時間外・休日労働に関する36協定届で、様式第9号の3の5は「臨時的に限度時間を超えて労働させることができる場合」に関する36協定届です（Q67参照）。記入例は巻末資料に収録してありますので参考にしてください。

乗務員以外に適用される特別条項付き協定の「2か月間ないし6か月間に月平均80時間以内（休日労働を含む。）」とは、具体的にはどういうことですか。

「2か月平均」「3か月平均」「4か月平均」「5か月平均」及び「6か月平均」の全てが1か月当たり80時間以内としなければならないということです。例えば9月を基準に考えると、8・9月の2か月の平均、7～9月の3か月の平均、6～9月の4か月の平均、5～9月の5か月の平均及び4～9月の6か月の平均のいずれも80時間以内でなければならないということです（下図参照）。

9月を基準としてチェックする場合

9月の時間外・休日労働時間数（他も同じ）

9	8					····· 2か月平均
9	8	7				····· 3か月平均
9	8	7	6			····· 4か月平均
9	8	7	6	5		····· 5か月平均
9	8	7	6	5	4	····· 6か月平均

いずれも80時間
以内であることが
必要です。

乗務員以外に適用される特別条項付き協定の1か月の延長時間として、「100時間未満」と協定することはできますか。

36協定において定める延長時間数は、具体的な時間数として協定しなければなりません。「100時間未満」と協定することは具体的な延長時間を協定したものとは認められないため、有効な36協定とはなりません。したがって、100時間未満の具体的な時間数を協定してください。

乗務員の休日労働と36協定の関係について教えてください。

　　ここでいう「休日」とは、いうまでもなく、毎週少なくとも1回又は4週間を通じ4日以上与えなければならない「法定休日」のことをいいます（労基法35条）。また、改善基準告示は、36協定により休日労働を行わせる場合であっても、自動車運転者については2週間について1回までとし、また、1日の最大拘束時間を超えないこと、及び所定の勤務日の拘束時間の累計と合わせ1か月の拘束時間を超えないことを求めています（改善基準告示2条4項）。

　これらの前提条件を踏まえた上で、会社の勤務の実態、労使協議に基づき、36協定の休日に関する記載をするかどうか、記載する場合は休日労働の回数、時間等を協定してください。

【参　考】

（1）　日勤勤務の場合

　例えば、4週8日の休日を与えているような日勤勤務について、休日出勤（公休出勤）はあっても4週4日の法定休日を必ず確保している場合は、法定休日労働はありませんので、36協定もこの部分については必要ありません。

　また、例えば所定の勤務日が22日で、各日の拘束時間が時間外労働を含め1日13時間であったとすると、22日 × 13時間 ＝ 286時間となり、既に1か月の拘束時間の上限（288時間。Q81参照）にほぼ達してしまいますので、休日労働を行う余地はなくなり、36協定もこの部分について必要がなくなります。

（2）　隔日勤務の場合

　隔日勤務は2暦日にまたがる勤務で、休日労働も同様となりますので、勤務ダイヤが3 s 3 s 3 s 2制（数字は連続勤務数、 s は1公休）や2 s 2 s 2 s 2 s 1 s 制などシングルの休日しかない場合には、休日労働が入る余地はありません。3 s 3 s t 2 s 3 s 制（ t は3連続公休）や3 s 3 s 2 w 3 s 制（ w は2連続公休）のような勤務ダイヤでは1回は可能ですが2回は困難と思われます。

（3）　まとめ

　(1)及び(2)でみたように、法定休日が必ず確保されている場合又は休日労働を行う

余地がない場合には、36協定のうち休日労働に関する部分は不要といえます。しかし、多数の乗務員がいる中で、稀に法定休日が確保されない乗務員が出てくる可能性があるということであれば、協定しておくことが無難でしょう。

　36協定届の「労働させることができる法定休日における始業及び終業の時刻」の欄はどのように記載したらよいでしょうか。

　この項目は、36協定の締結事項（Q56参照）にはないものですが、様式の記載欄がある以上埋める必要があります。厚生労働省がリーフレットなどで示している記入例では「8：00～17：00」というように具体的な時刻が示されています。しかし、これでは、8時以前又は17時以後には休日労働をさせられないことになってしまいます。そこで「0：00～24：00」とする例もあるようですが、これでは定めたとはいえないでしょう。

　厚生労働省が示した「改正労働基準法に関するQ＆A」（平成31年4月）では「原則として始業及び終業の時刻を記載していただく必要がありますが、これが困難な場合には、労働時間数の限度を記載していただいても構いません。」とされています。したがって、「○時間を限度とする。」というように記載してください。

　令和6年4月以降に使用する36協定届の様式について留意すべき事項を教えてください。

　36協定届の様式第9号の3の4は、限度時間（1か月45時間、1年360時間）を超えない範囲内で時間外労働をさせる場合の様式です。タクシー事業における「時間外労働をさせる必要のある具体的事由」については、業務の種類別に以下のような記載例が考えられます。

① 自動車運転

　季節的繁忙、顧客需要、道路渋滞等に応ずるため、その他公共交通機関としての役割を果たすため

② 運行管理

　季節的繁忙及び顧客の需要への対応等

③ 自動車整備

　予期せぬ車両トラブル等への対応等

④ 経理事務

　月末の精算、決算等事務の集中への対応等

　次に様式第9号の3の5は、限度時間（1か月45時間、1年360時間）を超えて時間外労働をさせる場合の様式です。

　「臨時的に限度時間を超えて労働させることができる場合」については、通常予見することができない業務量の大幅な増加等に伴い限度時間を超えて労働する必要がある場合をできる限り具体的に定めなければなりません。「業務の都合上必要な場合」「業務上やむを得ない場合」など恒常的な長時間労働を招くおそれのあるものは認められません。

　「通常予見することができない業務量の大幅な増加」とは全体として1年の半分を超えない一定の限られた時期において一時的・突発的に業務量が増える状況等により限度時間を超えて労働させる場合をいいます。具体的にどのような場合を協定するかについては、労使当事者が事業又は業務の態様等に即して自主的に協議し、可能な限り具体的に定める必要があります。

　タクシー事業における「臨時的に限度時間を超えて労働させることができる場合」については、業務の種類別に次のような記載例が考えられます。

① 自動車運転

　突発的な繁忙、顧客需要、他の交通機関の遅延等に応ずるため、その他限られた体制の中で公共交通機関としての役割を果たすため

② 運行管理

　大きな事故・クレームへの対応、突発的業務への対応等

③ 自動車整備

　事故・故障の集中への対応・突発的業務への対応等

④ 経理事務

　予算・決算、採用業務の集中への対応、突発的業務への対応等

　なお、厚生労働省がリーフレット等で36協定書の例として、

「第2条　甲は、就業規則第○○条の規定に基づき、必要がある場合には次により時間外労働を行わせることができる。

　（表　略）

2　自動車運転者（タクシー）については、前項の規定により時間外労働を行わせることによって「自動車運転者の労働時間等の改善のための基準」に定める1箇月についての拘束時間及び1日についての最大拘束時間の限度を超えることとなる場合においては、当該拘束時間の限度をもって、前項の時間外労働時間の限度とする。」

との表現が使われています。

　この例により協定することはもとより差し支えありませんが、この2条2項については、法律ではない改善基準告示の内容を36協定に取り込むことにより、労基法の規制対象とするものであることに注意してください（罰則のない改善基準告示に反して時間外労働をさせると労基法32条違反になってしまいます。現に同様の記載を根拠に司法処分に付されたケースがあります。）。

　さらに、改正された改善基準告示では、「予期し得ない事象への対応時間」が定められました。これに該当すれば1日の最大拘束時間を超えてもその対応時間を拘束時間から除くことができますが、超過した時間は休憩時間に該当しない限り労働時間の扱いをしなければなりません（Q85参照）。

　以上から、36協定を締結する際には、上記2条2項のような言い回しは特に必要ではなく、例の2条1項の表で具体的に必要な時間を定めることになりますので、それで足りると考えます。

 　特別条項付き36協定（労基則様式9号の3の5）で「心とからだの健康問題についての相談窓口」については、設置するだけで必要な措置を講じたことになるのでしょうか。

 　ご質問の相談窓口については、それを設置することにより法令上の義務を果たしたことになります。その際、労働者に対しては、相談窓口が設置されている旨を十分周知し、当該窓口が効果的に機能するよう留意してください。

　なお、この場合の記録の保存については、相談窓口を設置し、労働者に周知した旨の記録を保存するとともに、当該36協定の有効期間中に受け付けた相談件数に関する記録も併せて保存してください。

　　　　　時間外労働を適法に行わせるためには、事前の36協定の締結・労基署への届出と割増賃金の支払が必要ということですが、どのような場合に労基法違反になるのでしょうか。

　　　　　ご質問の前段はご指摘のとおりです。したがって、違反となるのは次の場合です。

①　36協定を締結していない場合、又は36協定を締結したが労働基準監督署に届け出ていない場合で時間外労働を行わせたときは労基法32条違反になります。

②　36協定で定めた時間を超えて時間外労働を行わせた場合（特別条項付き協定において、限度時間を超えて労働させることができる回数を上回った場合を含みます。）は労基法32条違反になります。

③　平成29年の法改正で設けられた上限（乗務員は除かれます。）について、36協定で定めた時間数にかかわらず、

　㋐　時間外労働と休日労働の合計時間が月100時間以上となった場合

　㋑　時間外労働と休日労働の合計時間について、2～6か月の平均のいずれかが80時間を超えた場合

は、労基法36条6項違反となります。

※　労基法32条違反及び36条6項違反はいずれも6か月以下の懲役又は30万円以下の罰金が定められています（労基法119条）。

第3　変形労働時間制

1か月単位の変形労働時間制とは。

　　　変形労働時間制とは、原則的な労働時間制の例外として、一定期間内の法定労働時間の総枠の範囲内で労働時間を弾力的に配置することを可能とするもので、これにより特定の日又は特定の週に法定労働時間を超えて労働させても時間外労働として扱う必要がないものをいいます。

　変形期間が1か月以内のものが1か月単位の変形労働時間制ですが、このほか変形期間が、1年以内のもの（1年単位の変形労働時間制、Q75参照）及び1週間のもの（労働者数が29人以下の小売業、旅館、飲食店等に限定）があるほか、フレックスタイム制（Q76参照）も変形労働時間制の一種です。

　1か月単位の変形労働時間制は、就業規則その他これに準ずるものにおいて定めることにより、採用することができます（労基法32条の2）。変形期間は1か月以内であれば、4週間単位等でもかまいません。

　変形期間における法定労働時間の総枠（40時間×（変形期間の日数÷7））は、次のとおりです。

①　31日の月…177.1時間

②　30日の月…171.4時間

③　28日の月…160時間

　1か月単位の変形労働時間制を採用する場合には、通達により「就業規則においてできる限り具体的に特定すべきものであるが、業務の実態から月ごとに勤務割を作成する必要がある場合には、就業規則において各直勤務の始業終業時刻、各直勤務の組合せの考え方、勤務割表の作成手続及びその周知方法等を定めておき、それにしたがって各日ごとの勤務割は、変形期間の開始前までに具体的に特定することで足りる」（昭63・3・14基発150・婦発47）とされています。

1か月単位の変形労働時間制を採用する場合、変形期間は暦の「1箇月」としなければならないのでしょうか。

労基法では、「1箇月以内の一定の期間を平均し1週間当たりの労働時間が前条第1項の労働時間（1週間当たり40時間）を超えない定めをしたときは、同条の規定にかかわらず、その定めにより、特定された週において同項の労働時間（1週間当たり40時間）又は特定された日において同条第2項の労働時間（1日当たり8時間）を超えて、労働させることができる。」とされています（労基法32条の2）。

ここで「1箇月以内の一定の期間」とされていますので、1か月以内であれば30日単位、29日単位、28日単位（4週間単位）、20日単位等でもかまいません（東京ハイヤー・タクシー協会労務委員会編『タクシー事業のためのモデル就業規則』43頁（労働調査会、2019））。

なお、変形期間における法定労働時間の上限は、［40時間×（変形期間の日数÷7日）］で求めることができます。

また、変形期間の起算日を定める（労基則12条の2）ほか、各日ごとの勤務割については変形期間の開始前までに具体的に特定することが必要（昭63・3・14基発150・婦発47）とされていますので留意してください。

1か月単位の変形労働時間制で変形期間を30日以下とすると、賃金計算期間から乖離していくことになりますが問題ないのでしょうか。

 　例えば変形期間を28日とすると、変形期間が一巡するごとに賃金計算期間から2日ないし3日乖離していきますが、変形労働時間制の要件（変形期間内の所定労働時間が法定労働時間の上限を超えないことなど）を満たしている限り問題ありません。変形期間と賃金計算期間との関係は、下図のようになります。

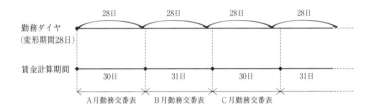

　具体的な例で見ていきましょう。以下の図1は変形期間が28日、起算日が4月1日、3 s 3 t 3 s 2 s 制（数字は連続勤務数、 s は1公休、 t は3連続公休を示します。）の11勤6休制、1回の勤務の所定労働時間が14時間30分の隔日勤務の例です。

　変形期間28日の場合の法定労働時間の上限は160時間［40時間×（28日÷7日）］であるのに対し、所定労働時間は159.5時間［14.5時間×11日］とその範囲内に収まっていますので労働時間の要件を満たしています。

　賃金締切日を毎月15日とすると、変形期間が繰り返されるにしたがって賃金計算期間と乖離していきますが、労基法上変形期間が賃金計算期間と一致しなければならないとの要請はありませんし、就業規則上、先々の勤務割があらかじめ示されていますので特に問題はありません。

　なお、多くのタクシー事業者では、賃金計算期間開始の数日前に1か月分の勤務交番表を乗務員に示すのが一般的ですが、これはあらかじめローテーションとして示された勤務日を乗務員の直近の希望を踏まえ微調整・再確認するために行っているものであり、変形期間の開始前までに具体的に特定すべきとの要件（昭63・3・14基発150・婦発

47)（Q 70参照）はそれ以前の段階で満たされていると解すべきでしょう。

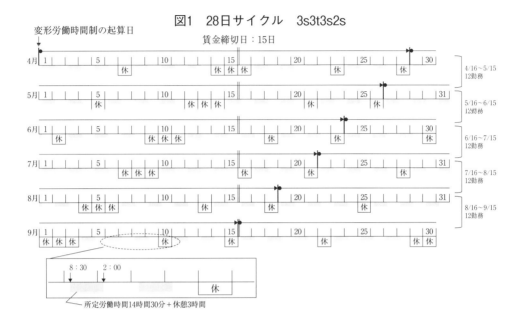

図1 28日サイクル 3s3t3s2s

次は、変形期間が11日、起算日が4月1日、2w2s制（wは2連続公休を示します。）
の4勤3休制、1回の勤務の所定労働時間が15時間40分の隔日勤務の例です（図2）。

変形期間11日の場合の法定労働時間の上限は62.85時間［40時間×（11日÷7日）］で
あるのに対し、所定労働時間は62.68時間［15.67時間×4日］とその範囲内に収まって
いますので労働時間の要件を満たしています。

この変形労働時間制では1賃金計算期間の勤務は原則11勤務となりますが、このサ
イクルを続けていくと8月16日〜9月15日と10月16日〜11月15日の賃金計算期間におい
ては12勤務となってしまいます。月により11勤務と12勤務が混在すると賃金制度の運
用が複雑となるため、会社によっては毎月の勤務回数を11回又は12回にそろえる例が
見られます。

この例では、9月15日及び11月15日を指定休とし、その翌日を勤務日にすることで各
賃金計算期間とも11回となるようにしています。この結果、9月13日〜9月23日の変形
期間においては1s1s2s制、11月7日〜11月17日の変形期間においては2w1s1制と
シフトが微修正されますが、変形期間内での4勤3休制も堅持されています。

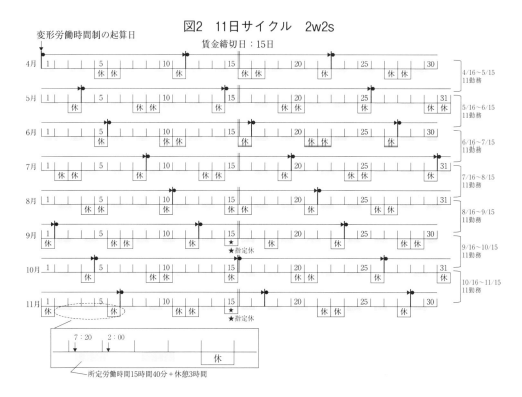

図2　11日サイクル　2w2s

最後は、変形期間が1か月、起算日が4月1日、2w3w3t3s制の11勤8休制、1回の勤務の所定労働時間が15時間30分（1か月の所定労働時間は170.5時間）の隔日勤務の例です（図3）。賃金締切日は毎月月末です。この例は30日を基本としつつ、31日の月は公休日を1日増やすことにより、毎月の勤務回数を11回にそろえ、変形期間と賃金計算期間との間に乖離を生じさせないよう工夫しているものです。

なお、2月の稼働日に関する賃金計算期間の調整については、Ｑ134を参照してください。

図3　30日サイクル　2w3w3t3s（31日の月は公休1日を加える）

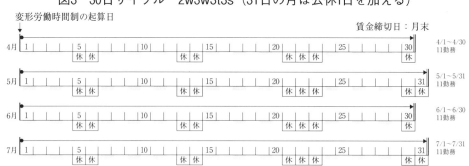

1か月単位の変形労働時間制が無効とされた東京地裁の裁判例の概要を教えてください。

 この裁判（東京地判令2・6・25（平30（ワ）11536））はハイヤーの配車業務に従事する労働者3名が割増賃金及び付加金の支払を求めて提訴したものです。11時間の日勤・夜勤と17.5時間の勤務を組み合わせたシフト表（月末の2、3日前に示される）に基づき勤務していました。

（判　旨）

　会社の就業規則は、「配車職員の労働時間は毎月16日を起算日とする<u>1箇月単位の変形労働時間制による。</u>」旨記載するのみで、変形労働時間制をとる場合の各直勤務の始業終業時刻及び休憩時間、各直勤務の組み合わせの考え方、勤務割表の作成手続及び周知の方法の記載を全く欠くものであったから、労基法32条の2第1項の<u>要件を満たすものとはいえない。</u>また、本件規則は…従業員に対し周知させる措置がとられておらず、この点でも労基法32条の2第1項の要件を満たさない。

　したがって、会社は、…原告ら（配車職員）に対し、本件規則に基づいて1週40時間又は1日8時間を超えて労働させることはできず、原告らが1週40時間又は1日8時間を超えて労働した場合は労基法37条の割増賃金の支払義務がある。

（中略）

　継続勤務は暦日を異にする場合でも一勤務として取り扱うべきであるから、2暦日にわたる一勤務については、始業時刻の属する日の労働として当該日の1日の労働であると解される。そうすると、本件各契約における本件シフト表の定める勤務時間帯のうち、日勤その1及び夜勤その1は所定労働時間を1日11時間、その他1は所定労働時間を1日17.5時間とするものであったところ、…所定労働時間の合意のうち1日につき8時間を超える部分の合意は、労基法32条2項に違反するため、労基法13条により1日8時間に短縮され、1日8時間を超えて労働したときは時間外労働となる。そして、会社がこれまでに原告らに支払った賃金は、…1日8時間に対する対価としての賃金となり、無効になった所定労働時間3時間ないし9.5時間の労働については全く賃金が支払われていないことになるから、<u>1日8時間を超える労働である3時間ないし9.5時間に対する割増賃金としては</u>、労基法37条1項の「通常の労働時間の賃金」の<u>1.25倍の賃金を支払</u>

う必要がある。

　　※　裁判所は原告らの主張を認め、会社に対し、未払残業代1,453万8,323円、付加
　　　金1,300万209円の支払を命じました。

　　1か月単位の変形労働時間制の要件についての京都地裁の裁判例
の概要を教えてください。

　　この裁判（京都地判平29・6・29（平27（ワ）2625））は1か月単位の変形労働
時間制により2車3人制で勤務していたタクシー乗務員に関する主として
時間外労働に係る割増賃金の不払についてのものでしたが、その前提と
して1か月単位の変形労働時間制の要件について極めて厳格な解釈が示
されていますので参考にしてください（控訴審では1か月単位の変形労働時間制の有
効性については争点になりませんでしたので、高裁の判断は示されていません。大阪
高裁平成31年4月11日判決（平29（ネ）1966）で会社側敗訴。）。

（判　旨）

1　争点(1)（時間外労働時間数）について

　(1)　原告の本件対象期間中の…時間外労働時間を算定するには、各日及び各週
　　　の所定労働時間及び法定労働時間を確定する必要があるところ、会社は、1か
　　　月の変形労働時間制を採用していると主張することから、その適否について
　　　検討する。

　(2)　労基法32条の2第1項は、使用者は、労働者の過半数で組織する労働組合との
　　　書面による協定又は就業規則等により、「1箇月以内の一定の期間を平均し1週
　　　間当たりの労働時間が前条第1項の労働時間を超えない定めをしたときは、同
　　　条の規定にかかわらず、その定めにより、特定された週において同項の労働時
　　　間又は特定された日において同条第2項の労働時間を超えて、労働させること
　　　ができる。」と定めている。そして、「特定された週」及び「特定された日」に
　　　おける労働時間を定めつつ、「1箇月以内の一定の期間を平均し1週間当たりの
　　　労働時間が前条第1項の労働時間を超えない」定めをするには、結局、各週・

各日の所定労働時間を労使協定又は就業規則で定める必要があると解される。

(3)　旧就業規則では、乗務員の労働時間について、勤務日を「2日間連続勤務、3日目休日、を基本とし、30日サイクルを通じて、19勤務（但し、うち1勤務は時間調整日とする。）」とし、1日の労働時間を9時間10分（時間調整日は6時間30分）としている。

そして、会社は、「2出勤1公休」（月度が31日の場合はさらに1指定公休）に基づき、次月度の給与計算期間の開始前に勤務予定表を作成して、全乗務員に対して出勤予定日となる20日間の告知を行い、乗務員が、そのうちの1日を公休以外の「祝日休日」として選択指定し、その指定が給与計算期間の開始までにされない場合は、自動的に勤務予定日の最終日（「祝日休日」以外の創立記念日等の休日のある1月、8月及び11月については最後の2日間）が「祝日休日」となる（※）と主張する。

この会社の主張のうち、事前に「2出勤1公休」（及び1指定公休）に基づく勤務予定表を作成していた点については、個人営業成績表にその旨の記載があり、原告本人の供述からも認められる。しかし、「祝日休日」は事前に指定されておらず、乗務員が指定しない場合には自動的に勤務予定日の最終日が祝日休日となるとの点は、就業規則に定めはなく、個人営業成績表でも明らかでないから、これを認めるに足りる証拠はない。また、勤務日のうちの時間調整日（時短日）についても同様である。

そうすると、旧就業規則における変形労働時間制の定めは、法の定める要件を満たしていないから、無効というべきである。

(4)　（略）

(5)　したがって、原告に適用される法定労働時間は、通常の場合と同様、1日8時間、1週40時間と認められる。

※　1日の労働時間が9時間10分であるため、20日勤務すると183.3時間となり法務労働時間の枠を超えてしまうので、1か月の勤務日を19日にする必要があったもの。

1年単位の変形労働時間制とは。

　　1年単位の変形労働時間制は、労使協定により、1か月を超え、1年以内の一定期間を平均し、1週間当たりの労働時間か40時間を超えない範囲内において、特定された日又は週に1日8時間又は1週40時間を超えて労働させることができるという制度です（労基法32条の4）。1年のうち特定の期間が忙しいことが予測できる場合などに適しています。

　1年単位の変形労働時間制を採用する場合には、次の要件を満たす必要があります。

① 就業規則において1年単位の変形労働時間制を採用する旨を定めること。また、各労働日の始業・終業の時刻、休憩時間、休日等についても定めること（労基法89条1項）。

② 労働者代表と書面による協定を締結し、所定の様式により所轄の労働基準監督署長に届け出ること（労基法32条の4第4項・32条の2第2項、労基則12条の4第6項）。

　この場合の労使協定で定める事項は次のとおりです（労基法32条の4第1項）。

　㋐ 対象となる労働者の範囲

　㋑ 対象期間（1か月を超え1年以内の一定期間とすること）及びその起算日（労基則12条の2第1項）

　㋒ 特定期間（対象期間中の特に業務が繁忙な期間について設定できます。）

　㋓ 対象期間における労働日及び労働日ごとの所定労働時間（※）（対象期間を1か月以上の期間ごとに区分する場合は、最初の期間については労働日及び労働日ごとの所定労働時間を特定する必要がありますが、その後の期間については各期間の総労働日数と総労働時間を定めれば差し支えありません。）

　※ ただし、次の範囲内としなければなりません（労基則12条の4第3項～5項）。

　　ⓐ 労働日数は対象期間が3か月を超える場合は原則として1年当たり280日以内

　　ⓑ 連続労働日数は原則として6日以内（特定期間においては1週間に1日の休日が確保できる範囲内）

　　ⓒ 所定労働時間は1日10時間以内（隔日勤務のタクシー運転者については暫

定措置として16時間以内（労基則66条））、1週52時間以内（対象期間が3か月を超える場合は、1週48時間を超える週は連続3週以内、1週48時間を超える週の初日の数は3か月に3以内）

㋒　有効期間（1年程度とすることが望ましい。）（労基則12条の4第1項）

 フレックスタイム制とは。

 フレックスタイム制とは、3か月以内の一定期間（清算期間）の総労働時間を定めておき、労働者がその範囲内で各日の始業及び終業の時刻を選択して働く制度です。

清算期間を単位として、清算期間中の労働時間が平均して週当たりの法定労働時間を超えないように所定労働時間を決めます。

フレックスタイム制を実施する場合は次の手続を執ることが必要です。

①　就業規則その他これに準ずるものに、始業・終業の時刻（※）を労働者の決定に委ねる旨を定めること（労基法32条の3第1項）。

※　始業及び終業の時刻の両方を労働者の決定に委ねる必要があり、始業時刻又は終業時刻の一方についてのみ労働者の決定に委ねるものは該当しません。

②　次の事項について労使協定を締結すること（労基法32条の3第1項、労基則12条の3第1項）。

㋐　対象労働者の範囲

㋑　清算期間（3か月以内）

㋒　清算期間における総労働時間（※）

※　労働者が清算期間において労働すべき時間としてあらかじめ定められた時間であり、いわゆる所定労働時間のことです。

㋓　標準となる1日の労働時間

㋔　コアタイムを定める場合はその時間帯の開始・終了時刻

㋕　清算期間が1か月を超える場合は協定の有効期間

③　労使協定を所轄の労働基準監督署へ届け出ること（清算期間が1か月を超える場合のみ）（労基法32条の3第4項・32条の2第2項、労基則12条の3第2項）。

【参　考】フレックスタイム制の例

（注）　コアタイム：労働者が労働しなければならない時間帯
　　　　フレキシブルタイム：労働者が自らの選択により労働することができる時間帯

　さて、タクシー乗務員にフレックスタイム制を導入することについてどう考えたらよいでしょうか。フレックスタイム制に近い実態で就業しているのは間違いありませんが、改善基準告示（拘束時間）の順守や実際に実施するための体制確保の観点からいえば、始業・終業時刻を全て乗務員に委ねることは現実的ではないと考えます。

フレックスタイム制で時間外労働となるのはどの時間ですか。

　フレックスタイム制の下で時間外労働となる時間は、清算期間の長さにより異なります（平30・9・7基発0907第1）。
①　清算期間が1か月以内の場合
　　　清算期間における実労働時間数のうち、法定労働時間（週40時間）の総枠を超えた時間が時間外労働となります。
　※　例　31日の月の清算期間における実労働時間数が220時間の場合
　　　　　220時間 － ｛40時間 × （31日 ÷ 7日）｝ = 220 － 177.1 = 42.9時間
②　清算期間が1か月を超え3か月以内の場合
　　次のAとBの合計の時間が時間外労働となります。
　　A…清算期間を1か月ごとに区分した各期間における実労働時間のうち、週平均
　　　50時間（※）を超えて労働させた時間

※　この「週平均50時間」とは、繁忙期に過度に偏った労働時間となること
を防止するために設定された基準です（労基法32条の3第2項）。

B…清算期間における総労働時間のうち、その清算期間の法定労働時間の総枠を
超えて労働させた時間（Aで算定された時間を除きます。）

※　例　3月の実労働時間数220時間、4月同240時間、5月同250時間の場合

（A…1か月ごとに、週平均50時間を超えた時間）

3月分…220時間　－　{50時間　×　（31日　÷　7日）}　＝　220　－　221.4　＝－1.4
→　0

4月分…240時間　－　{50時間　×　（30日　÷　7日）}　＝　240　－　214.2　＝　25.8

5月分…250時間　－　{50時間　×　（31日　÷　7日）}　＝　250　－　221.4　＝　28.6

（B…清算期間を通じて、法定労働時間の総枠を超えた時間（Aを除
きます。））

220　＋　240　＋　250　－　{40時間　×　（92日　÷　7日）}　－　（25.8　＋　28.6）　＝
129.9

（A　＋　B）

時間外労働時間　＝　A　＋　B　＝　25.8　＋　28.6　＋　129.9　＝　184.3

（注）　この例の場合、4月の時間外労働の25.8時間については、4月分の賃金支払日
には確定していますので、清算期間の途中ですが当該支払日に割増賃金を支払
う必要があります。

第4　改善基準告示

現在の改善基準告示に至る経緯を教えてください。

A　　改善基準告示とは、「自動車運転者の労働時間等の改善のための基準」
（平元・2・9労告7）の略称ですが、次のような変遷を経て現在に至ってい
ます。

（1）　労働基準局長通達で示されていた時期

自動車運転者の労働時間等の規制については、昭和41年までは他産業の労働者の労

働条件と同様、主として労基法に基づき行われていました。

　昭和42年、自動車運転者の労働条件を改善するとともに、交通事故の激増（昭和34年に死者1万人を突破。昭和45年が1万6,765人で最多）に対処するため、労基法に加えて労働省労働基準局長の通達「自動車運転者の労働時間等の改善基準」（昭42・2・9基発139。以下、「二・九通達」といいます。）が策定され監督指導が行われることとなりました。

　しかし、二・九通達は、実作業時間規制を中心とするもので、実作業時間以外の労働時間を比較的多く含む自動車運転者については、十分な効果を上げ得なかった感がありました。

　昭和54年、二・九通達の実施から10余年が経過し、輸送量増加等の変化、自動車運転者の長時間労働の実態、ILO条約「路面運送における労働時間及び休息期間に関する条約」（第153号）の採択等により、新たに拘束時間規制を中心とする「自動車運転者の労働時間等の改善基準について」（昭54・12・27基発642。以下、「二七通達」といいます。）が発出されました。

　(2)　大臣告示で示されて以降

　昭和60年12月、労働大臣の私的諮問機関である労働基準法研究会は、「今後の労働時間法制のあり方」の中で「現在いわゆる二七通達により…行政指導が行われているが、その実態を踏まえた上で、これを法制化することの是非を含め、その特性に応じた労働時間の規制のあり方を検討すべきである。」とし、次いで、昭和61年12月、中央労働基準審議会は「労働時間法制の整備について」の建議の中で「自動車運転者の労働時間等の規制に係る問題については、関係労使等を加えた検討の場を設けて引き続き検討する。」とされました。この建議を具体化するものとして、中央労働基準審議会自動車運転者労働時間問題小委員会が設置され、昭和63年10月報告書が取りまとめられました。この報告に基づき、「自動車運転者の労働時間等の改善のための基準」（平元・2・9労告7）が策定されました。

　その後、旧改善基準告示は、法定労働時間の短縮に伴い平成3年、平成4年、平成9年にそれぞれ改正がなされました。また、国土交通省においても、同基準を運輸規則の体系に取り入れるべく、平成13年に国土交通省告示（平13・12・3国交通告1675）を定め、平成14年2月1日より施行されました。

　平成30年、働き方改革関連法に関する国会附帯決議（衆議院厚生労働委員会・同年

5月25日、参議院厚生労働委員会・同年6月28日）において「自動車運転業務については、過労死防止の観点から、自動車運転者の労働時間の改善のための基準の総拘束時間の改善について、関係省庁と連携し速やかに検討を開始すること。」とされました。

　これを受け、令和元年12月、厚生労働省労働政策審議会労働条件分科会の下に自動車運転者労働時間専門委員会（さらにその下にハイタク、バス、トラックの作業部会）が設置されました。

　同作業部会においては、実態調査を実施した上で鋭意検討が進められ、令和4年3月28日にハイタク及びバスの中間とりまとめが確定しました（ここまでハイタク作業部会は6回、専門委員会は8回開催。）。その後トラック部会が引き続き検討を継続し、最終的には、令和4年9月27日付けで自動車運転者労働時間専門委員会「自動車運転手の労働時間等の改善のための基準のあり方について（報告）」がなされました。

　上記報告に基づき、令和4年12月23日、厚生労働省告示第367号により「自動車運転者の労働時間等の改善のための基準」の改正が行われました（大臣告示化から33年後）。また、同日付けで基発1223第3号「自動車運転者の労働時間等の改善のための基準の一部改正について」が発出されました。

改善基準告示の目的、適用対象は。

　改善基準告示1条では、改善基準告示の目的、適用対象のほか、労使当事者の責務及び36協定締結の際の留意事項について規定しています。

（目的等）
第1条　この基準は、自動車運転者（労働基準法（昭和22年法律第49号。以下「法」という。）第9条に規定する労働者（同居の親族のみを使用する事業又は事務所に使用される者及び家事使用人を除く。）であって、四輪以上の自動車の運転の業務（厚生労働省労働基準局長が定めるものを除く。）に主として従事する者をいう。以下同じ。）の労働時間等の改善のための基準を定めることにより、自動車運転者の労働時間等の労働条件の向上を図ることを目的とする。

2　労働関係の当事者は、この基準を理由として自動車運転者の労働条件を低下させてはならないことはもとより、その向上に努めなければならない。

3　使用者及び労働者の過半数で組織する労働組合又は労働者の過半数を代表する者（以下「労使当事者」という。）は、法第32条から第32条の5まで若しくは第40条の労働時間（以下「労働時間」という。）を延長し、又は法第35条の休日（以下「休日」という。）に労働させるための法第36条第1項の協定（以下「時間外・休日労働協定」という。）をする場合において、次の各号に掲げる事項に十分留意しなければならない。

一　労働時間を延長して労働させることができる時間は、法第36条第4項の規定により、1箇月について45時間及び1年について360時間（法第32条の4第1項第2号の対象期間として3箇月を超える期間を定めて同条の規定により労働させる場合にあっては、1箇月について42時間及び1年について320時間。以下「限度時間」という。）を超えない時間に限ることとされていること。

二　前号に定める一年についての限度時間を超えて労働させることができる時間を定めるに当たっては、事業場における通常予見することのできない業務量の大幅な増加等に伴い臨時的に当該限度時間を超えて労働させる必要がある場合であっても、法第140条第1項の規定により読み替えて適用する法第36条第5項の規定により、同条第2項第4号に関して協定した時間を含め960時間を超えない範囲内とされていること。

三　前2号に掲げる事項のほか、労働時間の延長及び休日の労働は必要最小限にとどめられるべきであることその他の労働時間の延長及び休日の労働を適正なものとするために必要な事項については、労働基準法第36条第1項の協定で定める労働時間の延長及び休日の労働について留意すべき事項等に関する指針（平成30年厚生労働省告示第323号）において定められていること。

(1)　改善基準告示の目的

自動車運転者の労働時間等の規制については、昭和42年以来、二・九通達、二七通達及び改正前の改善基準告示（以下「旧告示」といいます。）により、拘束時間、休息期間等の基準が設けられ、その遵守が図られてきました。しかしながら、現在も運輸・郵便業においては、過労死等のうち脳・心臓疾患の労災支給決定件数が全業種で最も多い業種となっている（令和3年度：59件（うち死亡の件数は22件））など、依然として長時間・過重労働が課題になっています。

改善基準告示は、引き続き、長時間労働の実態がみられる自動車運転者について、労働時間等に関する改善のための基準を定めることにより、自動車運転者の労働条件の向上を図ることを目的としています。

(2)　改善基準告示の適用対象

改善基準告示の適用対象は、四輪以上の自動車の運転の業務（厚生労働省労働基準

局長（以下「局長」という。）が定めるものを除きます。以下同じ。）に主として従事する労基法上の労働者です。「自動車の運転の業務に主として従事する」か否かは、個別の事案の実態に応じて判断することとなりますが、実態として、物品又は人を運搬するために自動車を運転する時間が現に労働時間の半分を超えており、かつ、当該業務に従事する時間が年間総労働時間の半分を超えることが見込まれる場合には、これに該当します。

(3)　労働関係の当事者の責務

　改善基準告示は、自動車運転者の労働時間等の改善のための基準を設け、これにより労働条件の向上を図ることを目的としたものです。

　したがって、改善基準告示は自動車運転者の標準条件と理解すべきではなく、この基準を理由として労働時間、休憩、休日等の労働条件を始めその他労働条件全般にわたって低下させてはならないことはもとより、さらに進んで労働時間の短縮、週休2日制の推進、年次有給休暇の取得促進等労働条件の向上に努めてください。

(4)　36協定をする場合の留意事項

　ア　労働時間を延長して労働させることができる時間は、1か月について45時間及び1年について360時間(1年単位の変形労働時間制を採用している場合であって、その対象期間として3か月を超える期間を定めているときは、1か月について42時間及び1年について320時間。以下「限度時間」といいます。）を超えない時間に限られます。

　イ　アに定める1年の限度時間を超えて労働させることができる時間を定めるに当たっては、事業場における通常予見することのできない業務量の大幅な増加等に伴い臨時的に当該限度時間を超えて労働させる必要がある場合であっても、960時間（休日労働を含みません。）を超えない範囲内とされました。

　※　自動車運転業務については、限度時間のほか、臨時的な特別の事情がある場合の年間960時間以内の規制があるのみで、一般則にある①2か月ないし6か月に月平均80時間以内及び月100時間未満（いずれも休日労働を含みます。）とする、②月45時間を超えるのは年間6か月を限度とする、の各規制は適用されません。また、将来的な一般則への適用については引き続き検討されることとなっています。

　ウ　ア及びイに掲げるもののほか、労働時間の延長及び休日の労働は必要最小限

にとどめられるべきであることその他の労働時間の延長及び休日の労働を適正なものとするために必要な事項については、「労働基準法第36条第1項の協定で定める労働時間の延長及び休日の労働について留意すべき事項等に関する指針」（平30・9・7厚労告323）において定められています。

　改善基準告示で使われている拘束時間、休息期間について詳しく教えてください。

　改善基準告示は、まさに自動車運転者の労働時間等の改善のため、「拘束時間」及び「休息期間」という概念を使って詳細な基準を定めています。これらの定義は、改善基準告示2条1項本文で示されています。

（日勤勤務に従事する自動車運転者の拘束時間及び休息期間）
第2条第1項
　使用者は、一般乗用旅客自動車運送事業（道路運送法（昭和26年法律第183号）第3条第1号ハの一般乗用旅客自動車運送事業をいう。以下同じ。）に従事する自動車運転者（隔日勤務（始業及び終業の時刻が同一の日に属さない業務をいう。以下同じ。）に就くものを除く。以下この項において同じ。）を使用する場合は、その拘束時間（労働時間、休憩時間その他の使用者に拘束されている時間をいう。以下同じ。）及び休息期間（使用者の拘束を受けない期間をいう。以下同じ。）について、次に定めるところによるものとする。
　（以下略）

「拘束時間」とは、労働時間（Q44参照）、休憩時間（仮眠時間を含みます。以下同じ。）その他の使用者に拘束されている時間をいいます。すなわち、始業時刻から終業時刻までの使用者に拘束される全ての時間をいいます。

　なお、拘束時間は基本的には労働時間と休憩時間の合計時間で過不足なく定義できますが、念のため「その他の使用者に拘束されている時間」の文言を加えています。

　改善基準告示で使われている「休息期間」とは、使用者の拘束を受けない期間をいいます。

　休息期間を実質面から定義すれば、勤務と次の勤務との間にあって、休息期間の直前の拘束時間における疲労の回復を図るとともに、睡眠時間を含む労働者の生活時間

として、その処分が労働者の全く自由な判断に委ねられる時間であり、休憩時間や仮眠時間等とは本質的に異なる性格を有するものです。また、一週間の単位における疲労の回復と余暇の性格を持つ休日とも異なるものです。

　休息期間という概念は労基法にはありませんが、労働時間等の設定の改善に関する特別措置法第4条第1項に基づく労働時間等設定改善指針（平20・3・2厚労告108）の2の（1）のトの（ロ）において、事業主等は勤務間インターバル（前日の終業時刻と翌日の始業時刻の間に一定時間の休息を確保することをいう。）の導入に努めることとされています。この勤務間インターバルが休息期間とほぼ同じ概念といえます。

 　改善基準告示上、日勤勤務の拘束時間、休息期間はどのように定められていますか。

 　日勤勤務の拘束時間及び休息期間については、改善基準告示2条1項に規定されています。

（日勤勤務に従事する自動車運転者の拘束時間及び休息期間）
第2条第1項
　使用者は、一般乗用旅客自動車運送事業（道路運送法（昭和26年法律第183号）第3条第1号ハの一般乗用旅客自動車運送事業をいう。以下同じ。）に従事する自動車運転者（隔日勤務（始業及び終業の時刻が同一の日に属さない業務をいう。以下同じ。）に就くものを除く。以下この項において同じ。）を使用する場合は、その拘束時間（労働時間、休憩時間その他の使用者に拘束されている時間をいう。以下同じ。）及び休息期間（使用者の拘束を受けない期間をいう。以下同じ。）について、次に定めるところによるものとする。
一　拘束時間は、1箇月について288時間を超えないものとすること。（車庫待ち等のただし書き・略）
二　1日（始業時刻から起算して24時間をいう。以下同じ。）についての拘束時間は、13時間を超えないものとし、当該拘束時間を延長する場合であっても、1日についての拘束時間の限度（以下「最大拘束時間」という。）は、15時間とすること。（車庫待ち等のただし書き・略）
三　前号本文の場合において、1日についての拘束時間が14時間を超える回数をできるだけ少なくするように努めるものとすること。

> 四 勤務終了後、継続11時間以上の休息期間を与えるよう努めることを基本とし、休息期間が継続9時間を下回らないものとすること。

(1) 日勤勤務の1か月の拘束時間（2条1項1号）

日勤勤務者の1か月の拘束時間は、旧告示の「299時間」から11時間短縮し「288時間」を超えないものとされました。

今回の改正では、「血管病変等を著しく増悪させる業務による脳血管疾患及び虚血性心疾患等の認定基準」（令3・9・14基発0914第1別添）において発症前1か月間におおむね100時間又は発症前2か月間ないし6か月間にわたって1か月当たりおおむね80時間を超える時間外労働（休日労働）がある場合に業務と脳・心臓疾患の発症との関連性が強いと評価できるとされていること等を踏まえ、過労死等の防止の観点から、月80時間の時間外労働を前提とした「275時間」の拘束時間に、月1回の休日労働として1日「13時間」の拘束時間を加えた、「288時間」とされました。

この288時間は当該月の暦日数や労働日数には直接関わりがありません。

なお、「1箇月」とは、原則として暦月をいうものですが、就業規則、勤務割表等で特定日を起算日と定めている場合には、当該特定日から起算した1か月でも差し支えないとされています。

(2) 日勤勤務の1日の拘束時間（2条1項2号・3号）

日勤勤務者の「1日」は、始業時刻から起算した24時間をいいいます。

日勤勤務者の1日の拘束時間は、「13時間」を超えないものとし、当該拘束時間を延長する場合であっても、1日の拘束時間の限度（以下「最大拘束時間」といいます。）は「15時間」とされました。

旧告示では、1日の最大拘束時間は16時間でしたが、今般、自動車運転者の睡眠時間の確保による疲労回復の観点から、これを1時間短縮し、「15時間」とされました。

また、1日の拘束時間について「13時間」を超えて延長する場合は、自動車運転者の疲労の蓄積を防ぐ観点から、新たに、1日の拘束時間が「14時間」を超える日は1週間に3回以内を目安とし、この場合において、1日の拘束時間が「14時間」を超える日が連続することは望ましくないとされました（基本通達第2 2(1)イ参照）。

(3) 日勤勤務の休息期間（2条1項4号）

日勤勤務者の休息期間については、勤務終了後、「継続11時間以上与えるよう努めることを基本とし、継続9時間を下回らない」ものとされました。

　旧告示は、「勤務終了後、継続8時間以上の休息期間を与えること。」としていましたが、今回の改正では、脳・心臓疾患に係る労災認定基準において、長期間の過重業務の判断に当たって「勤務間インターバル」がおおむね11時間未満の勤務の有無等について検討し評価することとされていること等を踏まえ、自動車運転者の睡眠時間の確保による疲労回復の観点から、休息期間について「継続11時間以上」与えるよう努めることが原則であることを示すとともに、下限を1時間延長し、「9時間」とされました。

　下限が9時間ですから、改善基準告示上、9時間の休息期間は必ず確保する必要があります。その上で、「継続11時間以上与えるよう努めることを基本とし」として、11時間以上の休息期間の確保を努力義務として規定しています。

　労使当事者にあっては、このことを踏まえ、単に休息期間の下限「9時間」を遵守するにとどまらず、「継続11時間以上」の休息期間が確保されるよう自主的な改善の取組を行うことが特に要請されています。

　　改善基準告示上、車庫待ち等の日勤勤務の拘束時間、休息期間はどのように定められていますか。

　　改善基準告示2条1項で「車庫待ち等」とは、「顧客の需要に応ずるため常態として車庫等において待機する就労形態」のことをいうとされています。車庫待ち等の日勤勤務の拘束時間及び休息期間については、同じく改善基準告示2条1項で規定されています。

（日勤勤務に従事する自動車運転者の拘束時間及び休息期間）
第2条第1項
　　（略）
一　拘束時間は、1箇月について288時間を超えないものとすること。ただし、顧客の
　需要に応ずるため常態として車庫等において待機する就労形態（以下「車庫待ち等」
　という。）の自動車運転者の拘束時間は、当該事業場に労働者の過半数で組織する労
　働組合がある場合においてはその労働組合、労働者の過半数で組織する労働組合が
　ない場合においては労働者の過半数を代表する者との書面による協定（以下「労使
　協定」という。）により、1箇月について300時間まで延長することができるものとす

る。
二　1日（始業時刻から起算して24時間をいう。以下同じ。）についての拘束時間は、13時間を超えないものとし、当該拘束時間を延長する場合であっても、1日についての拘束時間の限度（以下「最大拘束時間」という。）は、15時間とすること。ただし、車庫待ち等の自動車運転者について、次に掲げる要件を満たす場合には、この限りでない。
　　イ　勤務終了後、継続20時間以上の休息期間を与えること。
　　ロ　1日についての拘束時間が16時間を超える回数が、1箇月について7回以内であること。
　　ハ　1日についての拘束時間が18時間を超える場合には、夜間4時間以上の仮眠時間を与えること。
　　ニ　1回の勤務における拘束時間が、24時間を超えないこと。
三　（略）
四　勤務終了後、継続11時間以上の休息期間を与えるよう努めることを基本とし、休息期間が継続9時間を下回らないものとすること。

　車庫待ち等の自動車運転者は、常態として車庫待ち、駅待ち等の形態によって就労する自動車運転者であり、比較的作業密度が薄いこと等により、帰庫させ仮眠時間を与えることが可能な実態を有するため、一定の要件の下に最大拘束時間の延長を認めています。就労形態について次の要件を満たす場合に、車庫待ち等の自動車運転者に該当するものとされています。

①　事業場が人口30万人以上の都市に所在していないこと。
②　勤務時間のほとんどについて「流し営業」を行っている実態でないこと。
③　夜間に4時間以上の仮眠時間が確保される実態であること。
④　原則として、事業場内における休憩が確保される実態であること。

　なお、改正後の改善基準告示の適用の際、現に車庫待ち等の自動車運転者として取り扱われている者の属する事業場については、①にかかわらず、当該事業場が人口30万人以上の都市に所在している場合であっても、当分の間、当該事業場の自動車運転者を車庫待ち等の自動車運転者に該当するものとして取り扱うこととされています（基本通達記の第2の2の(3)参照）。

(1)　日勤勤務の車庫待ち等の自動車運転者の1か月及び1日の拘束時間（2条1項1号・2号）

　日勤勤務の車庫待ち等の自動車運転者の拘束時間は、1か月について「288時間」を超えないものとし、労使協定がある場合には、1か月の拘束時間を「300時間」まで延

長することができることとされました。

　この300時間については、旧告示において322時間とされていたものを、脳・心臓疾患に係る労災認定基準等を踏まえ、過労死等の防止の観点から、さらに22時間短縮したものです。

　また、次に掲げる要件を満たす場合、1日の拘束時間を「24時間」まで延長することができることとされています。

①　勤務終了後、「継続20時間以上」の休息期間を与えること。

②　1日の拘束時間が「16時間」を超える回数が1か月について7回以内であること。

③　1日の拘束時間が「18時間」を超える場合には、夜間に「4時間以上」の仮眠時間を与えること。

　1か月の拘束時間を延長する場合の労使協定については、以下の協定例を参考としてください。

1か月の拘束時間の延長に関する協定書（例）
（車庫待ち等の日勤勤務のタクシー運転者）

　○○タクシー株式会社代表取締役○○○○と○○タクシー労働組合執行委員長○○○○（○○タクシー株式会社労働者代表○○○○）は、「自動車運転者の労働時間等の改善のための基準」第2条第1項第1号ただし書きの規定に基づき、拘束時間に関し、下記のとおり協定する。

記

1　本協定の適用対象者は、日勤勤務に就くタクシー運転者であって、かつ、顧客の需要に応ずるため常態として営業所（又は○○駅）において待機する就労形態のものとする。

2　1か月の拘束時間は下の表のとおりとする。各月の起算日は賃金計算期間の初日とし、例えば、「4月」は4月16日から5月15日までを示す。

4月	5月	6月	7月	8月	9月	10月	11月	12月	1月	2月	3月
300時間	288時間	295時間	288時間	295時間	288時間	288時間	295時間	300時間	300時間	288時間	300時間

3　本協定の有効期間は、○年4月16日から○年4月15日までとする。

以上

　○年3月28日

　　　　　　　　○○タクシー労働組合執行委員長○○○○　　印

　　　　　　　　　　　　　　（○○タクシー株式会社労働者代表○○○○　　印）
　　　　　　　　　　　　　　　○○タクシー株式会社代表取締役○○○○　　印

(2)　日勤勤務の車庫待ち等の自動車運転者の休息期間（2条1項4号）

　日勤勤務の車庫待ち等の自動車運転者の休息期間については、勤務終了後、「継続11時間以上与えるよう努めることを基本とし、継続9時間を下回らない」ものとされました（Q81Ａ(3)参照）。

改善基準告示上、隔日勤務の拘束時間、休息期間はどのように定められていますか。

A　隔日勤務の拘束時間及び休息期間については、改善基準告示2条2項で規定されています。

> （隔日勤務に従事する自動車運転者の拘束時間及び休息期間）
> 第2条第2項
> 　使用者は、一般乗用旅客自動車運送事業に従事する自動車運転者であって隔日勤務に就くものを使用する場合は、その拘束時間及び休息期間について、次に定めるところによるものとする。
> 一　拘束時間は、1箇月について262時間を超えないものとすること。ただし、地域的事情その他の特別の事情がある場合において、労使協定により、1年について6箇月までは、1箇月の拘束時間を270時間まで延長することができるものとする。
> 二　2暦日についての拘束時間は、22時間を超えないものとし、かつ、2回の隔日勤務を平均し隔日勤務1回当たり21時間を超えないものとすること。
> 三　（車庫待ち等・略）
> 四　勤務終了後、継続24時間以上の休息期間を与えるよう努めることを基本とし、休息期間が継続22時間を下回らないものとすること。

(1)　隔日勤務の定義

　隔日勤務とは、タクシー事業における変形労働時間制の一態様であり、2労働日の勤務を一勤務にまとめて連続して行うものですが、改善基準告示では2条1項において「始業及び終業の時刻が同一の日に属さない業務をいう」と定義されています。

　隔日勤務のほとんどは、午前零時をまたいだ2暦日の業務となりますので、この定義でカバーできますが、例えば、始業時刻午前1時、終業時刻午後10時（21時間拘束）のような1暦日の中に収まる業務も隔日勤務に該当すると解さざるを得ないことに留意してください。

　隔日勤務は、タクシーが深夜時間帯の移動にも対応する公共交通機関としての役割を果たすため、大都市部を中心に広く採用されています。しかし、2労働日の勤務を1勤務にまとめて行うという自動車運転者の身体への負担が大きい勤務形態であるため、総拘束時間を隔日勤務以外の勤務についてのそれよりも短くする等一定の条件の下に認められています。

（2）　1か月の拘束時間の原則（2条2項1号）

　隔日勤務における1か月の拘束時間は「262時間」を超えないものとされています。

　隔日勤務の一定期間における拘束時間の限度については、旧告示制定時には「1箇月について270時間以内」とされていましたが、平成9年の改正により「1箇月については262時間以内」とされました。今回の改正では、従前どおりとされています。

（3）　1か月の拘束時間を延長する場合（2条2項1号ただし書き）

　隔日勤務に就く自動車運転者の1か月についての拘束時間を262時間に限定することは、顧客需要の状況から難しい場合もないわけではありません。このため、平成9年の旧改善基準告示の改正により1か月の総拘束時間を270時間から262時間に短縮するに際し、「地域的事情その他の特別の事情」がある場合については、労使協定の締結により、1年のうち6か月までは270時間までの延長を認めることとされました。今回の改正でも、この点は維持されました。

　「地域的事情その他の特別の事情」とは、例えば地方都市における顧客需要の状況、大都市部における顧客需要の一時的増加等をいうものです。

　1か月の拘束時間を延長する場合の労使協定については、次の協定例を参考にしてください。

1か月の拘束時間の延長に関する協定書（例）
（隔日勤務のタクシー運転者）

　○○タクシー株式会社代表取締役○○○○と○○タクシー労働組合執行委員長○○○○（○○タクシー株式会社労働者代表○○○○）は、「自動車運転者の労働時間等の改善のための基準」第2条第2項第1号ただし書きの規定に基づき、拘束時間に関し、下記のと

おり協定する。
記

1　本協定の適用対象者は、隔日勤務に就くタクシー運転者とする。
2　地域的事情その他の特別の事情がある場合、1か月の拘束時間は下の表のとおりとする。各月の起算日は賃金計算期間の初日とし、例えば、「4月」は4月16日から5月15日までを示す。

4月	5月	6月	7月	8月	9月	10月	11月	12月	1月	2月	3月
270時間	262時間	270時間	270時間	262時間	262時間	262時間	262時間	270時間	270時間	262時間	270時間

3　本協定の有効期間は、○年4月16日から○年4月15日までとする。

以上

○年3月28日

○○タクシー労働組合執行委員長○○○○　印
（○○タクシー株式会社労働者代表○○○○　印）
○○タクシー株式会社代表取締役○○○○　印

　労使協定では、1年の始期及び終期を定め、当該1年のうち6か月までの範囲で1か月の拘束時間を「270時間」を超えない範囲で延長する旨を協定することになります。

（4）　2暦日の拘束時間（2条2項2号）

　隔日勤務者の2暦日の拘束時間は、「22時間」を超えないものとし、かつ、「2回の隔日勤務を平均し隔日勤務1回当たり21時間を超えない」ものとされました。

　今回の改正では、1勤務の拘束時間について旧告示と同じ水準（21時間）に抑えつつ、突発的な顧客需要や交通事情等に一層柔軟に対応する観点から、見直しを行ったものです。

　隔日勤務において「2暦日について」とは「1勤務について」と同義といってよいものです。

　2回の隔日勤務を平均した1回当たりの拘束時間の計算に当たっては、特定の隔日勤務を起算点として、2回の隔日勤務に区切り、その2回の隔日勤務の平均とすることが望ましいが、特定の隔日勤務の拘束時間が改善基準告示に違反するか否かは、次により判断することとされました（基本通達第2の2の(2)のイ参照）。

特定の隔日勤務の前の隔日勤務	特定の隔日勤務	特定の隔日勤務の次の隔日勤務
B時間	A時間	C時間

※　次の①②のいずれもが「21時間」を超えた場合に、初めて違反と判断されます。

①　特定の隔日勤務の拘束時間（Ａ時間）と、特定の隔日勤務の前の隔日勤務の拘束時間（Ｂ時間）との平均

②　Ａ時間と特定の隔日勤務の次の隔日勤務の拘束時間（Ｃ時間）との平均

　これにより、従来の勤務終了間際の様々な事情によるわずかの超過時間が改善基準告示違反と取り扱われないこととなるとともに、忙しいときは長めに勤務し、そうでないときは早めに切り上げるという需要に応じたメリハリのある働き方が可能となりました。

　今回の改正により改善基準告示違反となるのは、次の二つのケースとなります（「自動車運転者の労働時間等の改善のための基準の一部改正による改正後の解釈等について」（令5・3・31基発0331第49）（以下「厚労省Ｑ＆Ａ」といいます。）2-4参照）。

ア　1回の隔日勤務の拘束時間が22時間を超えた場合

イ　特定の隔日勤務の拘束時間について、その前の隔日勤務との平均拘束時間と、その次の隔日勤務との平均拘束時間のいずれもが21時間を超えた場合（下図参照）

隔日勤務の拘束時間に係る違反の捉え方

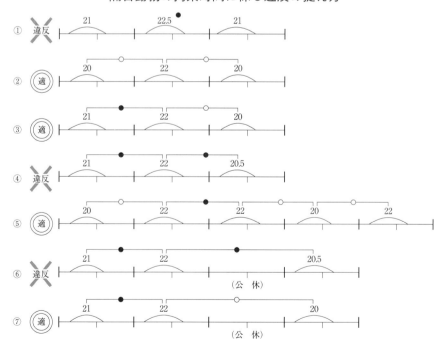

（注）　○は2勤務平均が21時間以下、●は1勤務22時間超又は2勤務平均が21時間超を示しています。
　　　各ケースの「違反」又は「適」の理由は次のとおりです。
　　①　2勤務目が22時間をオーバーしているので「違反」

② 　前後の平均がいずれも21時間なので「適」
③ 　前の2勤務平均が21時間をオーバー、しかし、後の2勤務平均が21時間なので「適」
④ 　前後いずれの2勤務平均も21時間をオーバーしているので「違反」
⑤ 　前後2勤務平均のいずれもが21時間を超えていないので「適」
⑥ 　前後いずれの2勤務平均も21時間をオーバーしているので「違反」
⑦ 　前の2勤務平均が21時間をオーバー、しかし、後の2勤務平均が21時間なので「適」

(5)　隔日勤務の休息期間（2条2項4号）

　隔日勤務者の休息期間は、勤務終了後、「継続24時間以上与えるよう努めることを基本とし、継続22時間を下回らないものとする」とされました。

　旧告示において、隔日勤務者の休息期間は、勤務終了後「継続20時間以上」とされていましたが、休息期間の重要性（Q81 Ａ (3)参照）に加え、隔日勤務については2労働日の勤務を1勤務にまとめて行うため自動車運転者の身体的負担を伴うものであること等を踏まえ、休息期間について「継続24時間以上」与えるよう努めることが原則であることを示すとともに、下限を2時間延長し、「継続22時間」としたものです。

　継続22時間は次の勤務に就かせてはならないということは、要するに連勤を禁止する趣旨です。「隔日勤務」は、2労働日の勤務を1勤務にまとめて行うものですから、その勤務終了後の1日はいわゆる非番日になって、本来勤務の入り込むことの予定されていない日です。したがって、原則的には休息期間は24時間以上ということになりますが、次の勤務の開始時刻を業務の都合で前倒しすることもあり得ることから、少なくとも「22時間以上」としているものです。

　労使当事者にあっては、以上のことを踏まえ、単に休息期間の下限「22時間」を遵守するにとどまらず、「継続24時間以上」の休息期間が確保されるよう自主的な改善の取組を行うことが特に要請されます。

　改善基準告示上、車庫待ち等による隔日勤務の拘束時間、休息期間はどのように定められていますか。

　隔日勤務の車庫待ち等による隔日勤務の拘束時間及び休息期間等は改善基準告示2条2項に規定されています。

（隔日勤務に従事する自動車運転者の拘束時間及び休息期間）

第2条第2項

使用者は、一般乗用旅客自動車運送事業に従事する自動車運転者であって隔日勤務に就くものを使用する場合は、その拘束時間及び休息期間について、次に定めるところによるものとする。

一　拘束時間は、1箇月について262時間を超えないものとすること。ただし、地域的事情その他の特別の事情がある場合において、労使協定により、1年について6箇月までは、1箇月の拘束時間を270時間まで延長することができるものとする。

二　2暦日についての拘束時間は、22時間を超えないものとし、かつ、2回の隔日勤務を平均し隔日勤務1回当たり21時間を超えないものとすること。

三　車庫待ち等の自動車運転者の拘束時間は、1箇月について262時間を超えないものとし、労使協定により、これを270時間まで延長することができるものとすること。ただし、次に掲げる要件をいずれも満たす場合に限り、2暦日についての拘束時間は24時間まで延長することができ、かつ、1箇月についての拘束時間はこの号本文に定める拘束時間に10時間を加えた時間まで延長することができるものとする。

　　イ　夜間4時間以上の仮眠を与えること。

　　ロ　第2号に定める拘束時間を超える回数を、労使協定により、1箇月について7回を超えない範囲において定めること。

四　勤務終了後、継続時間24以上の休息期間を与えるよう努めることを基本とし、休息期間が継続22時間を下回らないものとすること(3)。

（1）　隔日勤務の車庫待ち等の自動車運転者の1か月の拘束時間（2条2項3号）

　隔日勤務の車庫待ち等の自動車運転者の拘束時間は、隔日勤務者の1か月の拘束時間の原則と同様、1か月について「262時間」を超えないものとし、労使協定がある場合には、「270時間」まで延長することができるとされています（Q83A(2)及び(3)参照）。

（2）　2暦日及び1か月の拘束時間の延長（2条2項第3号ただし書き）

　次に掲げる要件を満たす場合、2暦日の拘束時間については、「24時間」まで、また、1か月の拘束時間について上記の時間（262時間又は270時間）に「10時間」を加えた時間まで、それぞれ延長することができることとされています。

①　夜間に「4時間以上」の仮眠時間を与えること。

②　2暦日の拘束時間が22時間を超える回数及び2回の隔日勤務を平均し隔日勤務1回当たり21時間を超える回数の合計は、労使協定により、1か月について7回以内の範囲で定めること。

　旧告示では、隔日勤務の車庫待ち等の自動車運転者の拘束時間は、1か月「270時間」まで延長することができ、上記①及び②の要件を満たす場合には、「20時間」を加えた

時間まで延長できるとされていましたが、今回の改正により、脳・心臓疾患に係る労災認定基準等を踏まえ、過労死等の防止の観点から、当該要件を満たした場合に延長できる時間を「20時間」から10時間短縮し、「10時間」としたものです。

　なお、拘束時間の延長を行う場合には、次の協定例を参考にしてください。

1か月及び2暦日の拘束時間の延長に関する協定書（例）
（車庫待ち等の隔日勤務のタクシー運転者）

　○○タクシー株式会社代表取締役○○○○と○○タクシー労働組合執行委員長○○○○（○○タクシー株式会社労働者代表○○○○）は、「自動車運転者の労働時間等の改善のための基準」第2条第1項第1号ただし書きの規定に基づき、拘束時間に関し、下記のとおり協定する。

記

1　本協定の適用対象者は、日勤勤務に就くタクシー運転者であって、かつ、顧客の需要に応ずるため常態として営業所（又は○○駅）において待機する就労形態のものとする。

2　1か月の拘束時間は下の表のとおりとする。各月の起算日は賃金計算期間の初日とし、例えば、「4月」は4月16日から5月15日までを示す。

4月	5月	6月	7月	8月	9月	10月	11月	12月	1月	2月	3月
270時間	262時間	270時間	270時間	262時間	262時間	262時間	262時間	270時間	270時間	262時間	270時間

3　2暦日の拘束時間に関し、22時間を超える回数及び2回の隔日勤務を平均し隔日勤務1回当たり21時間を超える回数の合計は、1か月について7回以内とする。また、夜間4時間以上の仮眠を与えることとする。

4　上記3を満たす場合において、2暦日の拘束時間を24時間まで延長するものとする。また、この場合において、1か月の拘束時間は、下の表のとおり、上記2の表の各月に10時間を加えた時間とする。

4月	5月	6月	7月	8月	9月	10月	11月	12月	1月	2月	3月
280時間	272時間	280時間	280時間	272時間	272時間	272時間	272時間	280時間	280時間	272時間	280時間

5　本協定の有効期間は、○年4月16日から○年4月15日までとする。

以上

○年3月28日

○○タクシー労働組合執行委員長○○○○　印

（○○タクシー株式会社労働者代表○○○○　印）

○○タクシー株式会社代表取締役○○○○　印

（3）　休息期間（2条2項4号）

隔日勤務に就く車庫待ち等の自動車運転者については、勤務終了後継続24時間以上の休息期間を与えるよう努めることを基本とし、休息期間が継続22時間を下回らないようにしなければなりません（Q83Ａ(5)参照）。

改善基準告示上、新たに予期し得ない事象への対応時間が規定されたようですが、どのようなものですか。

改善基準告示2条3項は、タクシー運転者が災害や事故等の通常予期し得ない事象に遭遇し、運行が遅延した場合において、その対応に要した時間についての拘束時間の例外的な取扱いを新たに定めたものです。

（予期し得ない事象への対応時間）

第2条第3項

　第1項第2号に定める1日についての拘束時間並びに前項第2号及び第3号に定める2暦日についての拘束時間の規定の適用に当たっては、次の各号に掲げる要件を満たす時間（以下「予期し得ない事象への対応時間」という。）を、これらの拘束時間から除くことができる。この場合において、予期し得ない事象への対応時間により、1日についての拘束時間が最大拘束時間を超えた場合は、第1項第4号の規定にかかわらず、勤務終了後、継続11時間以上の休息期間を与え、隔日勤務1回についての拘束時間が22時間を超えた場合は、前項第4号の規定にかかわらず、勤務終了後、継続24時間以上の休息期間を与えることとする。

　一　通常予期し得ない事象として厚生労働省労働基準局長が定めるものにより生じた運行の遅延に対応するための時間であること。

　二　客観的な記録により確認できる時間であること。

（1）　予期し得ない事象への対応時間

「予期し得ない事象への対応時間」とは、次の①及び②の両方の要件を満たす時間をいいます（基本通達の第2の2の(4)参照）。

　①　通常予期し得ない事象として局長が定めるものにより生じた運行の遅延に対応するための時間であること。

　　　「局長が定める」事象とは、次のいずれかの事象をいいます。「いずれかの事象」ですから、これらは限定列挙と解され、ここに列挙されていない事象は「通

常予期し得ない事象」に該当しないことになります。

㋐　運転中に乗務している車両が予期せず故障したこと。

㋑　運転中に予期せず乗船予定のフェリーが欠航したこと。

㋒　運転中に災害や事故の発生に伴い、道路が封鎖されたこと又は道路が渋滞したこと。

㋓　異常気象（警報発表時）に遭遇し、運転中に正常な運行が困難となったこと。

　なお、運転中に自動車運転者が乗客の急病対応を行う場合や犯罪に巻き込まれた場合は、㋒に該当するものとして取り扱われます。例えば、乗客の急病への対応時間、タクシー運転者が犯罪に巻き込まれた場合における警察等への対応時間等です（厚労省Q＆A2-8参照）。

　また、予期し得ない事象については、「運転中に」という限定がありますが、運転直前に車両の点検をしている最中に予期し得ない事象が発生した場合は、既に事象が発生しているため「予期し得ない事象への対応時間」に該当しません。ただし、例えば、運転開始後、休憩中に予期し得ない事象に遭遇し、その対応に要した時間は、「予期し得ない事象への対応時間」に該当します。

　一方、異常気象（警報発表時）については、運転前に異常気象の警報が発表されていたものの、その時点では正常な運行が困難とは想定されず、運転開始後に初めて正常な運行が困難となった場合、その対応に要した時間は「予期し得ない事象への対応時間」に該当します（厚労省Q＆A2-10参照）。

②　客観的な記録により確認できる時間であること。

　次の㋐の記録に加え、㋑の記録により、当該事象が発生した日時等を客観的に確認できる必要があり、㋐の記録のみでは「客観的な記録により確認できる時間」とは認められません。

㋐　運転日報上の記録

　　・対応を行った場所

　　・予期し得ない事象に係る具体的事由

　　・当該事象への対応を開始し、及び終了した時刻や所要時間数

㋑　予期し得ない事象の発生を特定できる客観的な資料

　　遭遇した事象に応じ、例えば次のような資料が考えられます。

（a）　修理会社等が発行する故障車両の修理明細書等

（b）　フェリー運航会社等のホームページに掲載されたフェリー欠航情報の写し

（c）　公益財団法人日本道路交通情報センター等のホームページに掲載された道路交通情報の写し（渋滞の日時・原因を特定できるもの）

（d）　気象庁のホームページ等に掲載された異常気象等に関する気象情報等の写し

　なお、やむを得ず客観的な記録が得られない場合には、「運転日報上の記録」に加え、当該事象によって生じた遅延に係る具体的な状況をできる限り詳しく運転日報に記載しておく必要があります。例えば「予期し得ない事象」が運転中の災害や事故に伴う道路渋滞に巻き込まれた場合であれば、当該区間や走行の時間帯等を運転日報に記載しておく必要があります（厚労省Q＆A 2-12参照）。

（2）　予期し得ない事象への対応時間の取扱い

　予期し得ない事象への対応時間は、1日の拘束時間及び2暦日の拘束時間の規定の適用に当たっては、これらの拘束時間から除くことができます。

　ただし、この例外的な取扱いは、1日又は2暦日の拘束時間の規定の適用に限ったもので、予期し得ない事象への対応時間は1か月の拘束時間等の改善基準告示の他の規定の適用において、この時間を除くことはできません。

　このため、通常予期し得ない事象に遭遇したのが、1か月の最終勤務日であった場合、1日又は2暦日の拘束時間については例外的な取扱いが認められますが、1か月の拘束時間については、例外的な取扱いが認められず、拘束時間違反となりますので注意が必要です。

　また、予期し得ない事象への対応時間は、休憩に該当しない限り、労働時間として賃金・割増賃金の対象になることはいうまでもありません。このため、36協定の締結に当たっては、1日又は2暦日の延長時間について「予期し得ない事象への対応時間」も織り込んだものとする必要があります。

（3）　予期し得ない事象への対応時間があった場合の休息期間

　予期し得ない事象への対応時間により、日勤勤務において1日の拘束時間が最大拘束時間15時間を超えた場合、勤務終了後、「継続11時間以上」の休息期間を与える必要があります。また、同様に隔日勤務において2暦日の拘束時間の最大である22時間を超えた場合には、勤務終了後、「継続24時間以上」の休息期間を与える必要があります。

改善基準告示上、休日労働について制限があると聞いたのですが。

ご質問については、改善基準告示2条4項で規定されています。

（休日労働の制限）
第2条第4項
　使用者は、一般乗用旅客自動車運送事業に従事する自動車運転者を休日に労働させる場合は、当該労働させる休日は2週間について1回を超えないものとし、当該休日の労働によって第1項又は第2項に定める拘束時間及び最大拘束時間を超えないものとする。

　労基法では毎週少なくとも1回の休日又は4週間を通じ4日以上の休日を与えなければならないとされています（労基法35条）。この労基法で定める法定休日に労働させる場合には36協定の締結、届出が必要ですが、36協定により休日労働を行わせる場合であっても、改善基準告示は、自動車運転者については休日労働は2週間について1回までとし、また休日労働によって改善基準告示2条1項及び2項に定める拘束時間及び最大拘束時間の限度を超えないよう求めています。すなわち休日労働は1か月についての拘束時間の範囲内でしか行わせることはできないということです。

　したがって、一定の勤務日における勤務によって既に1か月についての拘束時間の限度に達していたとすれば、休日労働を行わせることはできません。逆に、休日労働の結果、1か月についての拘束時間の限度に達していれば、所定の勤務日における勤務が制限されることになります。

改善基準告示上、ハイヤーに乗務する自動車運転者についてはどのように規定されたのですか。

ハイヤー運転者は、タクシー運転者に比べて、一層柔軟にお客様の需要に対応する必要があることから、改善基準告示2条5項及び3条でタクシー運転者とは異なる緩やかな基準を設定しています。

（ハイヤーに乗務する自動車運転者の適用除外）

第2条第5項

　ハイヤー（一般乗用旅客自動車運送事業の用に供せられる自動車であって、当該自動車による運送の引受けが営業所のみにおいて行われるものをいう。次条において同じ。）に乗務する自動車運転者については、第1項から前項までの規定は適用しない。

（ハイヤーに乗務する自動車運転者の時間外・休日労働）

第3条

　労使当事者は、時間外・休日労働協定においてハイヤーに乗務する自動車運転者に係る労働時間を延長して労働させることができる時間について協定するに当たっては、次の各号に掲げる事項を遵守しなければならない。

　一　労働時間を延長して労働させることができる時間については、限度時間を超えない時間に限ること。

　二　一年についての限度時間を超えて労働させることができる時間を定めるに当たっては、当該事業場における通常予見することのできない業務量の大幅な増加等に伴い臨時的に当該限度時間を超えて労働させる必要がある場合であっても、法第140条第1項の規定により読み替えて適用する法第36条第5項の規定により、同条第2項第4号に関して協定した時間を含め960時間を超えない範囲内とすること。

2　使用者は、時間外・休日労働協定において、労働時間を延長して労働させることができる時間を定めるに当たっては、当該時間数を、休日の労働を定めるに当たっては、当該休日に労働させることができる時間数を、それぞれできる限り短くするよう努めなければならない。

3　使用者は、ハイヤーに乗務する自動車運転者が疲労回復を図るために、必要な睡眠時間を確保できるよう、勤務終了後に一定の休息期間を与えなければならない。

（1）　ハイヤーに乗務する運転者の時間外・休日労働

　ハイヤーとは、一般乗用旅客自動車運送事業の用に供せられる自動車であって、当該自動車による運送の引受けが営業所のみにおいて行われるものをいいます。

　改善基準告示では、ハイヤーに乗務する自動車運転者については、ハイヤー運転者

の勤務の実態を踏まえ、2条1項から4項までに規定されたタクシー運転者の基準は適用しないことを明確にしています（2条5項）。

　その上で、労使当事者は、ハイヤー運転者に係る36協定を締結するに当たっては、次の事項を遵守しなければならないものとしています（3条1項）。

①　時間外労働時間については、1か月45時間、1年360時間の限度時間を超えない時間に限ること。

②　臨時的な特別の事情がある場合の時間外労働時間を定めるに当たっては、960時間を超えない範囲内とされていること。

　ハイヤー運転者については、拘束時間の基準等の規定は設けられていませんが、時間外労働の削減や過労死等の防止といった観点から、適正に労働時間管理を行うべきことは当然のことであり、使用者は特にこのことに留意する必要があります。

　また、使用者は、36協定において、時間外労働時間を定めるに当たっては当該時間数を、休日の労働を定めるに当たっては当該休日に労働させる時間数を、それぞれできる限り短くするよう努めなければならないものとされました（3条2項）。

　旧告示において、ハイヤー運転者については、時間外労働時間を1か月「50時間」等の目安時間以内とするよう努めること等とされていましたが、令和6年4月1日から、ハイヤー運転者についても他の自動車運転者と同様、労基法に基づく時間外労働の上限規制や指針の適用対象となることを踏まえ、36協定を締結するに当たっての労使当事者又は使用者の責務を定めたものです。

（2）　ハイヤーに乗務する運転者の休息期間（3条3項）

　使用者は、ハイヤー運転者が疲労回復を図るために、必要な睡眠時間を確保できるよう、勤務終了後に一定の休息期間を与えなければならないものとされました。

　これは、自動車運転者の睡眠時間の確保による疲労回復の観点から、勤務終了後に一定の休息期間を与えなければならないことを新たに規定したものです。ハイヤー運転者は、タクシー運転者に比べて、一層柔軟にお客様の需要に対応する必要があり、休息期間の下限時間を定めることが困難であることから、「一定の休息期間」としたものですが、当該規定に基づき、使用者は、ハイヤー運転者の各々の勤務の実態に即した適切な時間の休息期間を勤務終了後に与える必要があります。

　なお、3項の規定が設けられたことに伴い、従前の「当該運転者の疲労回復を図る観点から、継続4時間以上の睡眠時間を確保するため少なくとも6時間程度は次の勤務に

就かせないようにする」との取扱いは廃止されます。

 改善基準告示が適用除外になる場合があると聞いたのですが。

 従来、貨物自動車運送事業における緊急輸送の業務及び一定の危険物の運送の業務が適用除外業務とされていましたが、改善基準告示1条1項を根拠に新たにタクシー運転業務についても適用除外業務に該当する場合があることになりました。

（目的等）
第1条第1項
　この基準は、自動車運転者（労働基準法（昭和22年法律第49号。以下「法」という。）第9条に規定する労働者（同居の親族のみを使用する事業又は事務所に使用される者及び家事使用人を除く。）であって、四輪以上の自動車の運転の業務（厚生労働省労働基準局長が定めるものを除く。）に主として従事する者をいう。以下同じ。）の労働時間等の改善のための基準を定めることにより、自動車運転者の労働時間等の労働条件の向上を図ることを目的とする。

「厚生労働省労働基準局長が定めるものを除く。」の局長が定めるものの範囲が次のとおり拡大されました。これらに該当する場合には、当該業務に従事している期間については、改善基準告示は適用除外となります（基本通達の第2の6参照）。

①　災害対策基本法及び大規模地震特別措置法等に基づき、都道府県公安委員会から緊急通行車両であることの確認、標章及び証明書の交付を受けて行う緊急輸送の業務

②　人命又は公益を保護するために、法令の規定又は国若しくは地方公共団体の要請等に基づき行う運転の業務

③　消防法等に基づく危険物の運搬の業務

これらの業務は、大規模災害等発生時の応急対策の一環として、人命救助や災害拡大防止等のために行われる業務であり、公益性が高く、かつ緊急の性格を有することから、改善基準告示の適用除外業務とするものです。

　なお、この業務に従事する期間が1か月に満たない場合は、当該1か月の残りの期間については改善基準告示の拘束時間の規制が適用されます。その際の上限は次の式で算出した時間となります。

　〔(該当業務に従事した月の日数−該当業務に従事した日数)〕÷(該当業務に従事した月の日数)×(該当業務に従事した月の拘束時間)

　※　本適用除外の取扱いについては、令和6年4月1日を待たずに適用されています（令4・12・27基発1227第1）。

隔日勤務と日勤勤務を交互に行わせることは許されますか。

　隔日勤務から日勤勤務に変更するようなことは、ゴールデンウィークや旧盆期間など需要が減少する期間にスポット的に行われることはありますが、ご質問のような定期的に勤務形態を変更する例は稀と思われます。ただ、これを実施する場合には、通達で「日勤勤務と隔日勤務を併用して頻繁に勤務態様を変えることは、労働者の生理的機能への影響に鑑み認められないこと。したがって、日勤勤務と隔日勤務を併用する場合には、制度的に一定期間ごとに交替させるよう勤務割を編成しなければならないこと。」（基本通達第2　2(2)イ参照）とされています。なお、当分の間、次の要件を満たす場合には改善基準告示違反とはなりません（厚労省Q＆A2-2参照）。

①　1か月における拘束時間の長さが、隔日勤務の1か月の拘束時間（262時間）の範囲内であること。

②　日勤の勤務の拘束時間が15時間を超えないこと。

③　日勤の勤務と次の勤務との間には、11時間以上の休息期間が確保されていること。

④　日勤の休日労働を行わせる場合には、隔日勤務の休日労働と合わせて2週間に1回を限度とすること。

運行管理請負業の乗務員には、改善基準告示のどの規制が適用になるのですか。

　　運行管理請負業の乗務員は、「旅客自動車運送事業及び貨物自動車運送事業以外の事業に従事する自動車運転者であって、主として人を運送することを目的とする自動車の運転の業務に従事するもの」（改善基準告示5条）に該当するため、いわゆるバスの改善基準（※）が適用されます。

※　バス運転者の改善基準の概要
　①　拘束時間　　㋐㋑のいずれかを選択
　　　　　　　　　㋐　1か月281時間以内、1年3,300時間以内
　　　　　　　　　㋑　4週平均1週65時間以内、52週3,300時間以内
　　　　　　　　　1日　13時間以内（上限15時間、14時間超は週3回までが目安）
　②　休息期間　　継続11時間以上与えるよう努めることを基本とし、9時間を下回らない
　③　運転時間　　2日平均1日　9時間以内
　　　　　　　　　4週平均1週　40時間以内
　④　連続運転時間　4時間以内（運転の中断は1回連続10分以上、合計30分以上）
　⑤　予期し得ない事象　・予期し得ない事象（タクシー運転者と同様）への対応時間を1日の拘束時間、運転時間（2日平均）、連続運転時間から除くことができる
　　　　　　　　　　　　・勤務終了後、通常どおりの休息期間（継続11時間以上与えるよう努めることを基本とし、9時間を下回らない）を与える
　⑥　休日労働　　休日労働は2週間に1回を超えない、休日労働によって拘束時間の上限を超えない

第5章　休暇・休業

第1　年次有給休暇総論

年次有給休暇について基本的なことを教えてください。

年次有給休暇とは、労働者の心身の疲労を回復させ、労働力の維持培養のため、また、ゆとりある生活にも資するとの目的から、労働者に対し、休日のほかに毎年一定日数有給で与えられる休暇のことをいいます。

使用者は、その雇入れの日から起算して6か月間継続勤務し全労働日の8割以上出勤した労働者に対して、継続し、又は分割した10労働日の有給休暇を与えなければなりません（労基法39条1項）。さらに1年間、8割以上出勤するごとに有給休暇は10労働日に加えて勤続2年6か月目まで1労働日ずつ加算して付与され、勤続3年6か月目からは2労働日ずつ加算して付与されます。勤続6年6か月経過時には20労働日に達し、以降は1年間の継続勤務ごとに20日を付与すれば足ります（労基法39条2項）。「8割出勤」を条件としているのは、労働者の勤怠の状況を勘案して、特に出勤率の低い者を除外する立法趣旨です（平25・7・10基発0710第3）。

付与日数は、具体的には、以下のとおりです。この日数はあくまで法定の最低基準（労基法1条）であり、これを減ずることはできません。

また、年次有給休暇の権利は、上記の要件を満たせば必ず発生しますので、これを拒否することは労基法違反になります。

継続勤務期間	6か月	1年6か月	2年6か月	3年6か月	4年6か月	5年6か月	6年6か月以上
付与日数	10日	11日	12日	14日	16日	18日	20日

年次有給休暇の比例付与とはどのようなものですか。

　　昭和62年の労基法の改正により、所定労働日数の少ない労働者にもその所定労働日数に比例して年次有給休暇を付与する（例えばフル勤務の者が10日ならその半分の勤務の者は5日付与する）制度が導入されました。このため、週所定労働時間が30時間未満であって、週所定労働日数が4日以下又は年間所定労働日数が216日以下の者に対しては、次表のとおり継続勤務期間に応じた日数の年次有給休暇を与える必要があります（労基法39条3項、労基則24の3第3項）。

　例えば、1日8時間で週3日勤務する者、1日3時間で週4日勤務する者なども当然比例付与の対象となります。

週所定労働日数	1年間の所定労働日数	継続勤務期間						
		6か月	1 年6か月	2 年6か月	3 年6か月	4 年6か月	5 年6か月	6 年6か月以上
4日	169〜216日	7日	8日	9日	10日	12日	13日	15日
3日	121〜168日	5日	6日	6日	8日	9日	10日	11日
2日	73〜120日	3日	4日	4日	5日	6日	6日	7日
1日	48〜72日	1日	2日	2日	2日	3日	3日	3日

定年退職となった乗務員を定時制乗務員として再雇用する場合、年次有給休暇については、新規採用として最初の6か月はゼロとしてよいでしょうか。

A

　　定年退職者を定時制乗務員として再雇用する場合には、形式的には従前の労働契約とその後の労働契約とは別個のものとなりますが、定時制乗務員としての再雇用は単なるタクシー会社内における職種の切替えであって実質的には労働関係が継続していると認められます。したがっ

て、年次有給休暇の取扱いについては勤務年数を通算する必要があります。ただし、退職と再雇用の間に相当期間が存し、客観的に労働関係が断続していると認められる場合はこの限りではありません（昭63・3・14基発150・婦発47）。

全労働日の8割以上出勤したかどうかをチェックする場合の留意事項を教えてください。

年次有給休暇の付与に当たり、全労働日の8割以上出勤したかどうかをチェックする場合、まず、全労働日のうち、

① 業務上の負傷又は疾病により休業した期間

② 産前産後の女性が労基法65条の定めにより休業した期間

③ 育児・介護休業法に基づく育児・介護休業期間

④ 年次有給休暇を取得した期間

については出勤したものとして取り扱う（分母分子に入れる）必要があります。なお、育児・介護休業法が定める日数を上回る育児・介護休業期間や子の看護休暇及び介護休暇については、労基法では出勤したものとして取り扱うことまでは求めていません（労基法39条10項）。

次に、会社都合の休業期間（労基法26条）や休日労働した日については、全労働日から除外する（分母分子から除く）必要があります（昭33・2・13基発90）。

また、就業規則で定められた慶弔休暇等については、使用者が労働義務を免除しているわけですから、全労働日から除外することが妥当と思われます。しかし、これらの休暇等は労使で自由にその性質を決定し得ることから、これと異なる取扱いも可能です。

さらに、遅刻・早退した日はたとえ勤務しない時間が多かったとしても出勤日に入ります。

全労働日の8割以上出勤しなかった場合は、年次有給休暇付与日数はリセットされるのですか。

出勤率が8割に達しなかったときの翌年は、年次有給休暇を付与しなくても差し支えありません。例えば、1年半勤務後の1年間に8割未満の出勤率であった場合には、2年半後の1年間は本来なら12日付与されるところ0日になります。

そして、2年半後の1年間に8割以上の出勤率であった場合には、3年半後の1年間の年次有給休暇の付与日数は、リセットされて10日になったり、付与されなかった12日になるのではなく、継続勤務期間に応じた日数の年次有給休暇を付与しなければなりません。すなわち3年半後の1年間は14日を付与しなければなりません。

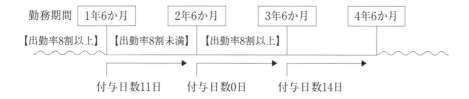

年次有給休暇の「基準日」とは何ですか。

年次有給休暇の基準日とは、各労働者について年次有給休暇の権利が発生する日のことであり、基準日の統一等をしていなければ、労働者ごとに雇入れ後6か月経過した日、その後は1年経過するごとの日をいいます。

さて、入社日が異なる多数の労働者の年次有給休暇を管理することは大変な業務量を必要とします。そこで、基準日を統一することが考えられます。例えば、一賃金支払期間の間に採用された労働者は当該賃金計算期間の初日に採用されたと取り扱え

ば、全労働者を12通りの基準日（2賃金計算期間でまとめると6通りの基準日）で管理することができるようになります（下図参照）。

　なお、基準日を統一する場合は労働者に不利にならないようにしなければなりません。勤務期間の切捨ては認められず常に遡り、その日数については出勤したものとみなす必要がありますので留意してください。

【参　考】　3月16日から4月15日までの採用者を3月16日に採用したとした場合

 年次有給休暇に対して支払うべき賃金は決まっていますか。

A　年次有給休暇に対しては、原則として、

① 　平均賃金（Q129以下参照）

② 　所定労働時間労働した場合に支払われる通常の賃金

③ 　健康保険法に定める標準報酬月額の30分の1に相当する金額

のいずれかを支払う必要があり、いずれを選択するかについては、就業規則などに明確に規定しておく必要があります。なお、③による場合は、労使協定（労働基準監督署に届け出る必要なし）を締結する必要があります（労基法39条9項）。

社会保険の被保険者でない定時制乗務員について、標準報酬月額の30分の1に相当する金額を年次有給休暇の賃金とすることはできますか。

健康保険法上の被保険者でない以上、「標準報酬月額の30分の1に相当する金額」を用いる余地はないという解釈はあり得ます。しかし、定時制乗務員について標準報酬月額に相当する額を算定することは可能ですし、これを禁ずる厚生労働省の解釈例規等は存在しません。また、フル勤務の乗務員と定時制乗務員との労働条件に差を設けないという労務政策上の観点も併せ考慮すると、労使で協定してこの方式を選択することを排除する必要はないと思われます。

時季変更権とは。

年次有給休暇は労働者が請求する時季に与えることとされています。しかし、労働者から指定される時季に休暇を与えることが事業の正常な運営を妨げる場合には、使用者に時季変更権が認められています。例えば、同一期間に多数の労働者の休暇指定が競合したためその全員に休暇を付与しがたいというような場合が考えられます。この場合当該事由が消滅した後は、できる限り速やかに与えなければなりません（昭23・7・27基収2622）。

年次有給休暇の取得手続について、取得日の2日前までに申し出ることとすることは可能ですか。

　　労働者が年次有給休暇の時季を指定する（申し出る）時期について労基法上の定めはありません。しかし、使用者が時季変更権を行使する時間的余裕を置いて指定がなされるべきことは事柄の性質上当然といえます。この点について次の判例があります。

　「年次休暇の時季指定を原則として前々日までとする就業規則の定めは、時季変更権の行使についての判断の時間的余裕を与え、代替要員の確保を容易にし、時季変更権の行使を不要ならしめようとする配慮に出たものであり、合理的なものとして労基法に違反するものではなく有効である。」（大阪高判昭53・1・31訟月24・1・93を最一判昭57・3・18民集36・3・366が是認）。

　なお、就業規則の規定例としては、「従業員は、年次有給休暇を取得しようとするときは、2日前までに所属長を経由して会社に申し出るものとする。ただし、突発的な傷病その他の事由により2日前までに申し出ることができなかった場合で、会社がやむを得ない事由があると認めたときはこの限りではない。」とするものがあります。

　　年次有給休暇の利用目的で拒否することはできますか。

　　年次有給休暇の利用目的は、労基法の関知するところではなく労働者の自由です。したがって、労働者は年次有給休暇を取得する旨を事前に使用者に伝える必要はあっても、その理由までを使用者に伝える義務はありません。ただし、ストライキのために年次有給休暇を利用するようなことは、年休とは性格上相容れないものというべきですから、拒否しても差し支えありません。

年次有給休暇は当年分と繰越分のどちらから消化されるのですか。

 年次有給休暇の取得の順序については、労基法に特段の規定はありません。したがって、どちらを先に取得することとしても直ちに違法にはなりませんが、通常は労働者の時季指定権は繰越分からなされていくと推定すべきです（菅野労働法575頁参照）。いずれにしても就業規則等で明確にしておくことが望ましいでしょう。なお、従来、繰越分を先に取得することとしていたものを当年分に変更するのであれば、変更は一種の不利益変更となりますので、その際は労働者の同意を得ておくことが必要です。

 年次有給休暇は1日単位でしか取得できないのでしょうか。

 年次有給休暇は日単位で取得することが原則ですが、労働者が希望し、使用者が同意した場合であれば半日単位で与えることが可能です（計画的付与の場合を含みます。）。

また、労使協定を締結すれば、年に5日を限度として、時間単位で年次有給休暇を与えることができます（労基法39条4項）（Q104参照）。

 年次有給休暇の時間単位付与とはどのようなものですか。

 年次有給休暇は、1日単位で与えることが原則ですが、労使協定（労働基準監督署に届け出る必要なし）を結べば、1時間単位で与えることができます（上限は1年で5日分まで）（労基法39条4項、労基則24の4）。この場合、労使協定に規定しなければならない内容は次のとおりです。

① 時間単位年休の対象労働者の範囲

② 時間単位年休の日数（5日以内の範囲で定めます。前年度からの繰越しがある場合であっても、当該繰越分を含めて5日以内となります。）

③ 年次有給休暇1日分に相当する時間単位年休の時間数（1日分の年次有給休暇に対応する所定労働時間数を基に定めます。1日の所定労働時間に1時間に満たない端数がある場合は時間単位に切り上げて計算（※）します。）

※ 例えば、1日の所定労働時間が7時間30分の場合には8時間とします。

④ 1時間以外の時間を単位とする場合はその時間数（ただし、1日の所定労働時間を上回ることはできません。）

　時間単位年休も年次有給休暇ですので、事業の正常な運営を妨げる場合は使用者による時季変更権が認められます。ただし、日単位での請求を時間単位に変えることや、時間単位での請求を日単位に変えることはできません。なお、時間単位年休は、労働者が請求した場合に与えることができるものであり、計画的付与として与えることは認められていません（平21・5・29基発0529001）。

年次有給休暇の計画的付与とはどのようなものですか。

　　労働者ごとに年次有給休暇の付与日数のうち5日を超える部分については、労使協定（労働基準監督署に届け出る必要なし）を結べば、計画的に休暇取得日を割り振ることができます（労基法39条6項）。

　　年次有給休暇の計画的付与の方式としては、①事業場全体の休業による一斉付与方式、②班別の交替制付与方式、③年次有給休暇付与計画表による個人別付与方式があります。

　なお、事業場全体の休業による一斉付与の場合は、年休がない労働者や少ない労働者の取扱いに留意する必要があります。例えば、特別の休暇を与えることとするか、少なくとも休業手当の支払が必要です（昭63・3・14基発150・婦発47）。

年次有給休暇を買い取ることは可能ですか。

　年次有給休暇の本来の趣旨である「休むこと」を妨げることとなるため、年次有給休暇の買取りは許されません。解釈例規では、「年次有給休暇の買上げの予約をし、これに基づいて法第39条の規定により請求し得る年次有給休暇日数を減じないし請求された日数を与えないことは法第39条の違反である。」（昭30・11・30基収4718）とされています。ただし、退職時に結果的に残ってしまった年休について、引継ぎ等の理由から日数に応じた金銭を給付することは差し支えありません。

年次有給休暇の時効は何年ですか。

　年次有給休暇は、発生の日から2年間で時効により消滅します（労基法115条）。したがって、発生年度に行使されなかった年次有給休暇は次年度に限り繰り越されることになります。なお、令和2年4月の時効に関する改正労基法施行後も変更ありません（Q212参照）。

当社では年次有給休暇をとると精皆勤手当を支給しない扱いになっていますが、問題ないでしょうか。

　使用者は、労働者が年次有給休暇を取得したことを理由として、その労働者に不利益な取扱いをしないようにしなければなりません（労基法附則136条）。不利益な取扱いとは、賃金の減額のほか、精皆勤手当や賞与の算定に際して年次有給休暇を取得した日を欠勤又は欠勤に準じて取り

扱うなど、年次有給休暇の取得を抑制するような全ての取扱いが含まれます。したがって、貴社の取扱いは改める必要があります。

 　歩合給の場合、年次有給休暇を取得すると、通常、月間営収が減少し賃金額も減少することになりますが、これは不利益取扱いに該当しますか。

 　労基法附則136条では、「使用者は、第39条第1項から4項までの規定による有給休暇を取得した労働者に対して、賃金の減額その他不利益な取扱いをしないようにしなければならない。」と規定しています。

　賃金の減額その他不利益な取扱いには、年次有給休暇の取得を抑制するような全ての不利益な取扱いが含まれるとされています。

　判例上これまで無効とされた措置としては、年休取得日を昇給上の要件たる出勤率の算定に当たり欠勤として扱うこと（日本シェーリング事件＝最一判平元・12・14判タ723・80）、賞与の算出における年休取得日の欠勤扱い（エス・ウント・エー事件＝最三判平4・2・18金判909・40）などがあります。

　ただし、ご質問の月算歩合制の賃金制度では、年休をとると水揚げ高が減少し、その月の賃金額が減少しますが、これは賃金の算定基準そのものの問題であり、年休取得による不利益取扱いではないとされています（以下の裁判例及び菅野労働法576頁）。

【参　考】　モデル・ハイヤー事件（高松高判平元・9・26判タ726・165（高知地判昭63・7・7判タ690・200の控訴審））

（判　旨）

　労基法39条の定める年休制度は、同法35条の休日のほかに有給の休暇を与えて余暇を確保し、労働力の再生産を図るとともに、労働者に社会的、文化的生活を保障することを目的とし、これを達成するため、労働をしないにもかかわらず、平均賃金、通常の賃金、標準報酬日額に相当する金額のいずれかを支払うこととするものであるが、その平均賃金等のいずれによるにせよ、休暇を取らずに稼働したならば得られたであろう賃金の全額が確保されることにはならない（標準報酬日額は、毎年一定時期の賃金を一定期間適用するというもので、勤務したならば得られたであろう賃金とは一致

せず、それより低額となることも当然の前提となっており、平均賃金及び通常の賃金も同様である。）から、同法39条の年休手当の定めは、賃金の全額を保障するものではなく、かえって、それを下回ることを予想、是認しているといわざるを得ないので、<u>年休を取ったことにより賃金がある程度減少する場合に、その減少分を保障すべき義務を雇い主が負担すると解することは困難である。</u>

　もっとも、労働条件に関する不利益な取扱いが、年休の取得を事実上抑制するものであるときは、その内容と程度いかんにより、その取扱いは、年休制度の趣旨に反し、ひいては民法90条に該当することがあると考えられるが、<u>本件の場合、原告らの賃金は、もともと労使間において基本給と月算歩合給の二本立とする旨合意しているものであって、そういう賃金体系自体につき、原告らが年休を取ったことを理由に被告が賃金をカットするなど不利益な取扱いをしているわけではない。</u>

第2　年次有給休暇の5日確実取得

年次有給休暇は最低5日与えなければならないと聞いたのですが。

　平成31年4月から、年次有給休暇の日数が10労働日以上（※）である労働者に係る年次有給休暇の日数のうち5日については、使用者は、基準日から1年以内の期間に労働者ごとにその時季を定めることにより与えなければならないこととされました（労基法39条7項）。つまり年5日以上の年次有給休暇の取得が確実に進むための仕組みとして、使用者に時季の指定を義務付けたわけです（違反した場合は30万円以下の罰金）（労基法120条1号）。

　※　10労働日以上とは、基準日に新たに付与された日数のことをいいます。したがって、比例付与の対象者で10日未満の年次有給休暇が付与される者は、仮に繰り越しされた年次有給休暇と合わせて10日以上となったとしても対象とはなりません（平30・12・28基発1228第15）。

　使用者が時季を指定する際は、あらかじめ労基法39条7項の規定により年次有給休

暇を与えることを明らかにした上で、その時季について当該労働者の意見を聴くとともに、その意見を尊重するよう努めなければなりません（労基則24条の6）。

　この時季指定に当たり、2暦日にまたがる隔日勤務の場合、1勤務の指定は2労働日として取り扱うことになります（昭26・9・26基収3964）。

　なお、この使用者による時季指定は、労働者が自ら5日以上の年次有給休暇を取得した場合や、計画的付与により5日以上の年次有給休暇を取得した場合には不要となります。また、同様に5日未満の年次有給休暇を取得している場合には5日との差の日数を時季指定すれば足ります（労基法39条8項）。

使用者による時季指定は、いつ行えばよいですか。

　労基法39条7項に規定する使用者による時季指定は、必ずしも基準日からの1年間の期首に限られず、当該期間の途中に行うことも可能です（平30・12・28基発1228第15）。タクシー業界では、基準日から9か月程度経過したところで年次有給休暇の取得状況を確認し、残り数か月間に必要な日数を取得するよう時季指定しているところが多いようです。

時季指定を半日単位や時間単位で行うことはできますか。

　時季指定に当たり労働者の意見を聴いた際に、隔日勤務の半分又は日勤勤務の半分の単位の年次有給休暇の取得の希望があった場合においては、使用者はそれを認めることは差し支えありません。この場合において、隔日勤務では1日分、日勤勤務では0.5日分として取り扱うことになります。

　ただし、「法第39条第7項の規定による時季指定を時間単位年休で行うことは認められない。」（平30・12・28基発1228第15）とされていますので、注意が必要です。

 　労働者自らが半日単位又は時間単位で取得した年次有給休暇の日数分については、5日の日数にカウントされますか。

 　労働者が半日単位で年次有給休暇を取得した日数分については、0.5日として労基法39条8項の「日数」に含まれ、当該日数分について使用者は時季指定を要しません。例えば、半日単位の年次有給休暇を3回取得したのみの労働者については、残り3.5日分を時季指定すればよいことになります。

　なお、労働者が時間単位で年次有給休暇を取得した日数分については、労基法39条8項の「日数」には含まれません（平30・12・28基発1228第15）。

 　前年度から繰り越された年次有給休暇を取得した場合は、最低5日取得にカウントされますか。

 　前年度からの繰越分の年次有給休暇を取得した場合は、その日数分を使用者が時季指定すべき5日の年次有給休暇から控除することとなります。

　これは、最低5日取得の趣旨が当該年度に確実に5日年次有給休暇を取得することに意味があり、年次有給休暇が前年度からの繰越分であるか当年度の基準日に付与された年次有給休暇であるかについては問わないと解されているためです（労基法39条7項・8項、平30・12・28基発1228第15）。

一度指定した時季を、使用者又は労働者が事後に変更することはできますか。

　　労基法39条7項の規定により指定した時季について、使用者から労基則24条の6に基づく意見聴取の手続を再度行い、その意見を尊重することによって変更することは可能です。
　　また、使用者が指定した時季について、労働者が変更することはできませんが、使用者が指定した後に労働者に変更の希望があれば、使用者は再度意見を聴取し、その意見を尊重することが望ましいでしょう（平30・12・28基発1228第15）。

　　育児休業が終了した労働者等についても、5日の年次有給休暇を確実に取得させなければいけませんか。

　　基準日からの1年間の途中に育児休業から復帰した労働者等についても、労基法39条7項の規定により5日間の年次有給休暇を取得させなければなりません。
　　ただし、残りの期間における労働日が、使用者が時季指定すべき年次有給休暇の残日数より少なく、5日の年次有給休暇を取得させることが不可能な場合には、その限りではありません（平30・12・28基発1228第15）。

　　使用者は、5日を超える日数について時季指定を行うことができますか。

　　労働者の個人的事由による取得のために労働者の指定した時季に与えられるものとして一定の日数を留保する観点から、労基法39条7項の規定による時季指定として5日を超える日数を指定することはできません。
　　したがって、隔日勤務の乗務員について3勤務を時季指定することは6

日となってしまいますのでできません。

　また、使用者が時季指定を行うよりも前に、労働者自ら請求し、又は計画的付与により具体的な年次有給休暇日が特定されている場合には、当該特定されている日数分について使用者が時季指定することはできません（労基法39条8項、平30・12・28基発1228第15）。

　時季指定日が到来する前に、労働者が5日以上の年次有給休暇を取得した場合は、当該指定日に年次有給休暇を取得させなくてもよいでしょうか。

　ご質問の場合は、時季指定日前までに労働者が自ら年次有給休暇を5日以上取得していますので、労基法39条7項違反とはなりません。なお、この場合において、当初使用者が行った時季指定は、使用者と労働者との間において特段の取決めがない限り、当然に無効とはなりません（平30・12・28基発1228第15）。

　時季指定についての意見聴取やその尊重の具体的な内容は。

　労基則24条の6第1項の意見聴取の内容としては、労基法39条7項の基準日から1年を経過する日までの間の適時に、労働者から年次有給休暇の取得を希望する具体的な候補日、一定の期間などを申告させることが考えられます。

　また、労基則24条の6第2項の尊重の内容としては、できる限り労働者の希望に沿った時季を指定するよう努めることが求められるものです（平30・12・28基発1228第15）。

年次有給休暇管理簿に記載すべき「日数」とは何を記載すべきですか。

　年次有給休暇管理簿（労基則24条の7）に記載すべき「日数」としては、労働者が自ら請求し取得したもの、使用者が時季を指定し取得したもの又は計画的付与により取得したものにかかわらず、実際に労働者が年次有給休暇を取得した日数（半日単位で取得した回数及び時間単位で取得した時間数を含みます。）を記載する必要があります。

　具体的には、巻末資料○年次有給休暇管理簿の例を参考にしてください。

　なお、労働者名簿、賃金台帳と同様の要件（※）を満たした上で、電子機器を用いて磁気ディスク、磁気テープ、光ディスク等により調整することは差し支えありません（平30・12・28基発1228第15）。

　※　要件は次のとおりです（平7・3・10基収94）。

　　①　法定必要記載事項を具備し、各事業場ごとにそれぞれ画面に表示し、印字するための装置を備え付ける等の措置を講じていること

　　②　労働基準監督官の臨検時閲覧、提出が必要とされる場合に直ちに必要事項が明らかにされ、かつ、写しを提出し得るシステムとなっていること

時季指定について、就業規則に記載する必要はありますか。

　休暇に関する事項は就業規則の絶対的必要記載事項であるため、使用者が労基法39条7項による時季指定を実施する場合は、時季指定の対象となる労働者の範囲及び時季指定の方法等について、就業規則に記載する必要があります（平30・12・28基発1228第15）。次の規定例を参考にしてください。

（会社による時季指定）

第○条　会社は基準日に10日以上の年次有給休暇を付与される従業員のうち、付与後9か月経過後において取得日数が5日未満の者に対し、取得済み日数と5日との差の年次有給休暇日数を残りの3か月間に時季を指定することにより取得させるものとする。なお、この指定に当たっては、あらかじめ従業員の意見を聴取し、その意見を尊重して行うものとする。

第3　改正育児・介護休業法

改正育児・介護休業法が施行されたと聞きましたが、その概要を教えてください。

厚生労働省が実施した令和3年度雇用均等基本調査(産業計)によれば、女性の育児休業取得率は85.1%であるのに対し、男性のそれは14.0%とかなり低い状況にあります。

　　　男性の育児休業取得を促進することは、仕事と家庭の両立を望む男性の希望を叶えるだけでなく、第一子出産時に約5割の女性が出産・育児によって退職している現状（国立社会保障・人口問題研究所「第15回出生動向基本調査（夫婦調査）」）がある中、女性の雇用継続にも寄与するものと考えられます。

　また、男性が子の出生直後に休業を取得して育児・家事に関わることは、その後の育児・家事への主体的参加につながりやすく、夫婦が希望する数の子を持つことに資するとともに、男女問わず、ワークライフバランスの取れた働き方の実現にもつながるといえます。

　こうした考え方に基づき、改正育児・介護休業法は、令和3年6月3日に成立し、同年6月9日に公布されました。改正法は3段階に分かれて順次施行されていますが、その主な内容は次のとおりです。

（1）　令和4年4月1日施行

　①　育児休業を取得しやすい雇用環境を整備するため、研修の実施、相談窓口の設置、方針の周知などが事業主に義務付けられました。

②　妊娠・出産（本人又は配偶者）の申出をした労働者に対し、育児休業制度等について個別に周知・意向確認することが事業主に義務付けられました。

③　有期雇用労働者の育児・介護休業取得要件が緩和されました（従来の「勤続1年以上」とする要件が廃止されました。ただし、無期契約労働者同様、労使協定によって勤続1年未満の者を適用除外とすることは可能です。）。

(2)　令和4年10月1日施行

④　出生時育児休業制度（通称「産後パパ育休」制度）が創設されました。

⑤　育児休業は、上記④とは別に、分割して2回まで取得することが可能となりました。

⑥　1歳以降又は1歳6か月以降の育児休業の開始日が弾力化されました。

(3)　令和5年4月1日施行

⑦　常時使用する労働者数が1,000人を超える企業に対し、自社における育児休業の取得状況をインターネット等で公表することが義務付けられました。

※　育児・介護休業法では、育児休業等の申出・取得等を理由とする解雇その他不利な取扱いを禁止しています。

　今回の改正で、妊娠・出産の申出をしたこと、出生時育児休業の申出・取得、出生時育児休業期間中の就業を申出・同意しなかったこと等を理由とする不利益な取扱いの禁止が追加されます。また、事業主には、上司や同僚からのハラスメントを防止する措置を講じることが義務付けられています。

令和4年4月1日に施行された項目について詳しく教えてください。

　令和4年4月1日に施行された3項目について、それぞれみていきましょう。

　(1)　育児休業を取得しやすい雇用環境を整備

　育児休業や出生時育児休業（Q124参照）の申出が円滑に行われるようにするため、事業主は以下のいずれかの措置を講じなければならないことになりまし

た。複数の措置を講じることが望ましいとされています。

① 研修の実施

② 相談窓口の実施

③ 自社の労働者の事例の収集・提供

④ 自社の労働者に対し取得促進に関する方針の周知

(2)　妊娠・出産（本人又は配偶者）の申出をした労働者に対し、育児休業制度等について個別に周知・意向確認の措置

本人又は配偶者の妊娠・出産等を申し出た労働者に対して、事業主は育児休業制度等に関する以下の事項の周知と休業の取得意向の確認を、個別に行わなければならないことになりました。

① 周知事項

㋐ 育児休業・出生時育児休業に関する制度

㋑ 育児休業・出生時育児休業の申出先

㋒ 育児休業給付に関すること

㋓ 休業期間中に負担すべき社会保険料の取扱い

② 個別周知・意向確認の方法

㋐ 面談（オンライン面談も可能）

㋑ 書面交付

㋒ FAX（労働者が希望した場合のみ）

㋓ 電子メール（労働者が希望した場合のみ）

(3)　有期雇用労働者の育児・介護休業取得要件の緩和

従来の「勤続1年以上」とする要件が廃止されました。ただし、無期契約労働者と同様、書面による労使協定を締結することによって、勤続1年未満の者を適用除外とすることは可能です。

令和4年10月1日に施行された出生時育児休業制度について詳しく教えてください。

今回新設・施行された出生時育児休業制度について詳しく見ていきましょう。

(1)　出生時育児休業制度の概要

改正育児・介護休業法では、主に男性の育児休業を促進する観点から、従来の育児休業制度に加え、子の出生後8週間以内の期間に4週間（28日）まで取得することができる柔軟な育児休業の枠組みが創設されました。これを出生時育児休業（産後パパ育休）といい、この期間中であれば2回まで分割して取得することが可能です。

これにより、例えば、子の出生直後や退院時に出生時育児休業を2週間取得し、里帰り出産などで実家から戻る際にまた2週間取得するというような休み方が可能となりました。

なお、出生時育児休業は、従来の育児休業とは別の新たな制度として設けられたものですので、出生時育児休業を取得した後に、別途、育児休業を取得することも可能です。

(2)　従来の「パパ休暇」及び「パパ・ママ育休プラス」との関係

改正前の育児・介護休業法においても、男性の育児参加を促進するための制度として、いわゆる「パパ休暇」及び「パパ・ママ育休プラス」の制度が設けられていました。これらの制度と出生時育児休業との関係は次のとおりです。

①　「パパ休暇」との関係

従来の育児休業は、原則として、1人の子について連続した期間について1回のみ取得でき、分割して取得することはできませんでした。ただし、子の出生後8週間以内に育児休業を取得した場合は、例外的に当該育児休業をいったん終了した後に、再度（2回目の）育児休業を取得することが可能とされ、これを「パパ休暇」と呼んでいました。

今回の改正により、1歳までの育児休業は、2回まで分割して取得することが可能となり、出生時育児休業の2回と合わせると合計4回まで分割取得ができるよう

になりましたので、この「パパ休暇」の特例は廃止されました。

②　「パパ・ママ育休プラス」との関係

　育児休業は、原則として子が1歳になるまでの期間について取得することができます。しかしながら、同一の子について両親ともに育児休業を取得する場合、一定の要件を満たせば、子が1歳2か月になるまでの期間において、最長1年（ただしこの「1年」には子の出生日以後の産前産後休業の期間を含みます。）の育児休業を取得できるという特例があります。これを「パパ・ママ育休プラス」といいます。

　両親ともに育児休業を取得する場合の特例を設けることで、男性の育児参加を促進することを目的とした制度です。

　改正法施行後も「パパ・ママ育休プラス」の特例は存続しますので、従来どおりの利用が可能です。ただし、「パパ・ママ育休プラス」を利用した場合の育児休業の期間は出生時育児休業の期間を含めて最長1年となります。

(3)　出生時育児休業の適用対象

出生時育児休業制度については、無期契約労働者は全て適用対象となります。また、有期契約労働者については、子の出生日から起算して8週間を経過する日の翌日から6か月を経過する日までに労働契約が満了することが明らかでない場合に限り適用対象となります。

なお、労使協定を締結することで、次の労働者を対象外とすることができます。

①　雇用された期間が1年未満の労働者

②　申出の日から8週間以内に雇用関係が終了する労働者

③　週の所定労働日数が2日以下の労働者

(4)　出生時育児休業取得の手続

育児休業の申出は1か月前が原則ですが、出生時育児休業については期間を短縮し2週間前までの申出が可能とされました。ただし、職場環境の整備などについて今回の制度見直しにより求められる義務（Q123参照）を上回る取組の実施が労使協定で定められている場合は1か月前までとすることができます。

また、2回に分割して取得する場合であっても、初めにまとめて申し出る必要があります。これをしない場合には事業主は2回目の申出を拒むことができるとされています。

　なお、育児休業と同様に、出生時育児休業開始予定日の繰上げ・終了予定日の繰下げ変更、申出の撤回が可能です。

　(5)　出生時育児休業中の就業

　従来の育児休業制度では、休業期間中に就業することは、原則として認められていませんでしたが、会社で災害が発生した場合など一時的・臨時的な場合にのみ、会社と労働者の合意により、就業することが許されていました。

　これに対し、出生時育児休業に限っては、あらかじめ事業所の労働者の過半数で組織する労働組合があるときはその労働組合、かかる労働組合がないときは労働者の過半数を代表する者と書面による労使協定を締結した上で、労働者と事業主の個別合意がある場合には、事前に調整した上で出生時育児休業の期間中に就労することが可能となりました。あくまでも労働者が希望することが必要であり、事業主から労働者に対して就業可能日等の申出を一方的に求めることや、労働者の意に反するような取扱いをしてはなりません。

　また、就業可能日・可能時間には次の上限が定められていますので遵守してください。

　・休業期間中の所定労働日・所定労働時間の半分

　・休業開始・終了予定日を就業日とする場合は当該日の所定労働時間未満

　なお、Q123Ａ(2)のとおり個別の制度周知が義務となっていますが、出生時育児休業についても同様であり、当該期間中に就業させる場合には、育児休業期間中（出生時育児休業を含みます。）の育児休業給付及び社会保険料免除について、休業中の就業日数によってはその要件を満たさなくなる可能性があることについてもあわせて説明するよう留意する必要があります。

出生時育児休業制度以外で令和4年10月1日に施行された項目について詳しく教えてください。

 2点あります。第1に、1歳までの育児休業について、特別の事情の有無を問わず、2回まで分割して取得できるようになりました。出生時育児休業も2回までの分割取得が可能ですから、合計4回まで分割して休業することができることになりました。

第2に、1歳以降又は1歳6か月以降の育児休業（※）の開始日について、配偶者が1歳以降の育児休業を取得している場合には、1歳以降又は1歳6か月以降の育児休業の開始日を、当該配偶者の育児休業の終了予定日の翌日以前のいずれかの日とすることができるようになりました。これにより、配偶者と交代で柔軟に育児休業を取得することができるようになりました。

※　育児休業は原則として1歳（パパ・ママ育休プラスの場合は1歳2か月）になるまでの期間について取得できますが、従来から子が1歳の到達後においても保育所に入所できないなどの場合は1歳6か月まで育児休業を取得でき、さらに1歳6か月到達後においてもまだ保育所に入所できない場合などは2歳まで育児休業を取得できるという特例がありました。改正法施行後もこの特例は存続しますので、要件に該当する場合は引き続き利用が可能です。

　　なお、従来は、1歳以降の育児休業は子の1歳の誕生日の翌日、1歳6か月以降の育児休業は子の1歳6か月の翌日がそれぞれ開始日とされ、労働者に選択の余地がありませんでしたが、改正法によりこれが弾力化されました。

育児休業には給付の支給や社会保険料免除があると聞きました
が、概要を教えてください。

　　　育児休業（出生時育児休業を含みます。）を取得し、受給資格（※）を
満たしていれば、原則として休業開始時の賃金の67％（180日経過後は
50％）の育児休業給付をハローワークから受けることができます。令和
4年10月以降は、育児休業の分割取得に対応し、1歳未満の子について、
原則2回の育児休業まで、育児休業給付を受けられるようになりました。

　※　休業開始日前2年間に、賃金支払基礎日数が11日以上ある（ない場合は就業して
　　いる時間数が80時間以上の）完全月が12か月以上あること。

　また、被保険者が育児休業法に規定された育児休業等（3歳に満たない子を養育する
ための休業）を取得すると、その期間中は社会保険料が被保険者本人負担分及び事業
主負担分とも免除されます。この免除を受けても健康保険の給付は通常どおり受けら
れます。また、免除された期間分も将来の年金額に反映されます。

　保険料の免除期間は、育児休業を開始した日の属する月から、申出書に記載された
育児休業を終了する日の翌日が属する月の前月までとなります。賞与に対する保険料
も同様に免除されます。

　なお、本制度は3歳未満の子を養育するための育児休業に限って適用するもので、育
児休業の対象となる子が3歳に達する日以後の休業については適用されません。

　以上のほか、都道府県労働局が行う「仕事と家庭の両立関係等の助成金として育児
休業等支援コース」や地方自治体又はその関係団体が行う助成金制度がありますので
活用してください。

第6章　賃　金

第1　総　論

 Q127 チップや結婚祝金などは賃金に該当しますか。

A 労基法上の賃金とは、「賃金、給料、手当、賞与その他名称の如何を問わず、労働の対償として使用者が労働者に支払うすべてのものをいう。」とされています（労基法11条）。したがって、①使用者が支払うものであること、②労働の対償（労働者が使用者の指揮命令下で行う労働に対して、その見返り・報酬として支払うという意味）であること、が判断基準となります。

　基本給、歩合給、諸手当（住宅手当、精勤手当、割増賃金等）、賞与などは上記①及び②を満たしますので当然賃金となります。反対に賃金とならないものとしては、チップや結婚祝金をはじめ次のものが考えられますが、各事業所によって実態は様々ですので、慎重に判断すべきでしょう。

① 使用者が支払うものではないもの

　　例えば、お客様が直接手渡すチップなど。

② 任意的・恩恵的なもの

　　例えば、慶弔に係る祝金、見舞金など。

　　ただし、発生的には恩恵的なものとみられる見舞金等であっても、その支給について、労働協約、就業規則、労働契約等によってあらかじめ支給条件が明確にされたものは、これによって使用者はその支払義務があり、したがって労働者に権利として保障されるわけですから、その見舞金等は労働の対償と認められ賃金として保護することが相当とされています（昭22・9・13発基17）。

③ 福利厚生施設であるもの

　　例えば、住宅の貸与など。

　　ただし、住宅の貸与を受けない人に定額の手当が支払われている場合には、その額を限度として賃金となります。

④　企業設備の一環であるもの

　　例えば、制服、作業着など。

⑤　実費弁償的なもの

　　例えば、出張旅費など。

 賃金支払の五原則とは何ですか。

 　賃金は労働者の生活にとって欠かすことのできない重要な原資ですから、確定された賃金は確実に支払われなければなりません。このため、労基法は、賃金の支払について次の五つの原則を定めています（労基法24条）。

①　通貨払いの原則…賃金は、通貨（強制通用力のある貨幣）で支払うこと。

　（※）例外1…労働協約に別段の定めがある場合には実物給与が認められています。

　（※）例外2…次の要件を満たせば、口座振込みによることが認められています（労基則7条の2）。

　　　　㋐　労働者の同意があること。

　　　　㋑　労働者が指定する本人名義の預貯金等の口座に振り込まれること。

　　　　㋒　振り込まれた賃金の全額が所定賃金支払日に引き出し得ること。

　なお、令和5年4月1日以降、労使協定を締結した上で労働者から個別同意を得、かつ、一定の要件を満たした場合、賃金のデジタル払い（指定資金移動業者の口座への振込み）が認められています。

②　直接払いの原則…賃金は、直接労働者に支払うこと。

③　全額払いの原則…賃金は、全額支払うこと。

　（※）例外1…法令に別段の定めがある場合（税金、社会労働保険料等）

　（※）例外2…労使協定がある場合（購買代金、社宅費など事理明白なものに限られます。Q140参照）

④ 毎月払いの原則…賃金は、毎月1回以上支払うこと。

（※）例外…臨時に支払われる賃金、賞与等

⑤ 一定期日払いの原則…賃金は、一定の期日を定めて支払うこと。

 労基法上の平均賃金とは。

 労基法は、解雇の場合の予告手当（労基法20条）、使用者の責に帰すべき事由による休業の場合の休業手当（労基法26条）、年次有給休暇の日について支払われる賃金（労基法39条9項）、労働災害の場合の補償（労基法76条～82条）及び減給の制裁の制限額（労基法91条）を、いずれも「平均賃金」の一定日数分又は一定割合と定めています。これらは、いずれも労働者の生活を保障するため通常の生活資金をありのまま算出するという観点から「平均賃金」を基準とするもので、労基法12条で算式を定めています。

同条では、「この法律で平均賃金とは、これを算定すべき事由の発生した日以前3箇月間にその労働者に対し支払われた賃金の総額を、その期間の総日数で除した金額をいう。ただし、その金額は、次の各号の一によつて計算した金額を下つてはならない。

一 賃金が、労働した日若しくは時間によつて算定され、又は出来高払制その他の請負制によつて定められた場合においては、賃金の総額をその期間中に労働した日数で除した金額の100分の60

二 賃金の一部が、月、週その他一定の期間によつて定められた場合においては、その部分の総額をその期間の総日数で除した金額と前号の金額の合算額

前項の期間は、賃金締切日がある場合においては、直前の賃金締切日から起算する。（以下略）」と規定されています。

ただし書は、原則の計算方法で算出した場合に平均賃金が著しく低くなった場合の最低保障額を定めたものです。原則とただし書の計算の結果いずれか高い方が平均賃金となります。

［原則］

$$平均賃金 = \frac{直近3か月間の賃金総額（総支給額）}{直近3か月間の総日数（暦日数）}$$

［ただし書・最低保障］

$$平均賃金 = \frac{直近3か月間の賃金総額（総支給額）}{直近3か月間の実労働日数} \times 0.6$$

（平均賃金算定の具体例）

例1　隔日勤務　1月に40万円、2月に32万円、3月に35万円を支給されたドライバー（3か月間に36勤務した場合）

①　平均賃金（原則の計算方法）

　　（40万円 ＋ 32万円 ＋ 35万円）÷ 90日 ＝ 11,888.89円

②　平均賃金（ただし書の計算方法）

　　（40万円 ＋ 32万円 ＋ 35万円）÷ 72日（稼働日数）× 0.6 ＝ 8,916.67円

　※　①の方が②より高いので①が平均賃金となります。

例2　隔日勤務　1月に35万円、2月に25万円、3月に28万円を支給されたドライバー（3か月間に26勤務した場合）

①　平均賃金（原則の計算方法）

　　（35万円 ＋ 25万円 ＋ 28万円）÷ 90日 ＝ 9,777.78円

②　平均賃金（ただし書の計算方法）

　　（35万円 ＋ 25万円 ＋ 28万円）÷ 52日（稼働日数）× 0.6 ＝ 10,153.85円

　※　②の方が①より高いので②が平均賃金となります。

　以上が労基法に基づく厳格な計算方法ですが、平均賃金の算定に当たり直近3か月で算定すると平均賃金額が著しく低くなるような場合に、それ以前の算定期間を選んで算定することは、減給の制裁の制限額の場合を除き、差し支えありません。ただし、個々の労働者で事情が異なりますので、原則的な計算方法を上回っていることを確認する必要があります。

平均賃金の計算方法について詳しく教えてください。

 平均賃金は、算定すべき事由が発生した日以前3か月間の賃金総額（分子）を算定すべき事由が発生した日以前3か月間の休日を含む暦日数（分母）で除した金額をいいます（Q129参照）。

分子の賃金総額には、原則として労基法11条の賃金の全てが含まれます。したがって、基本給、歩合給はもちろん、各種手当（通勤手当を含みます。）、年次有給休暇の賃金、割増賃金などは算入してください。ただし、次のものは賃金総額から控除してください（労基法12条3項・4項）。

① 臨時に支払われた賃金

② 3か月を超える期間ごとに支払われる賃金

③ 通貨以外のもので支払われる賃金で一定の範囲に属しないもの（労基則2条）

④ 産前産後の休業期間など算定期間から除かれる期間中に支払われた賃金

また、分母の3か月間の暦日数の中に、次の期間がある場合は、その期間の日数を控除してください（その日数に対応して支払われた賃金額は分子からも控除してください。）（労基法12条3項）。

① 業務上の負傷・疾病による療養のための休業期間

② 産前産後の休業期間

③ 使用者の責に帰すべき事由による休業期間

④ 育児・介護休業期間

⑤ 試用期間

雇入れ後3か月に満たない者の平均賃金はどのように計算すれば
よろしいでしょうか。

　　　雇入れ後3か月未満の労働者について、休業手当など平均賃金を算定
すべき事由が発生した場合には、雇入れ後の期間とその期間中の賃金の
総額で計算することになります。この場合でも、賃金締切日があるとき
は、直前の賃金締切日から起算します。ただし、直前の賃金締切日から
計算するといまだ1か月に満たなくなる場合は、事由の発生した日から計算すること
になります（昭27・4・21基収1371）。

　なお、雇入れ当日に平均賃金の算定事由が発生した場合は、遡る期間がなくその算
定も不可能となるため、都道府県労働局長の定めるところによるとされています（労
基則4条後段）。この場合には、都道府県労働局長は当該労働者に対し一定額の賃金があ
らかじめ定められている場合にはその額により、そうでない場合には当該事業場にお
いて同一の業務に従事した労働者の一人平均の賃金額により推算して平均賃金を定め
ることとされています（昭22・9・13発基17）ので、これに準じてください。

労基法上の休業手当とは。

　　　労基法26条では「使用者の責に帰すべき事由による休業の場合におい
ては、使用者は、休業期間中当該労働者に、その平均賃金の100分の60以
上の手当を支払わなければならない。」と規定されています。「100分の
60以上」ですから100分の60以上100分の100までの範囲で、労使で決定す
ることができます。

　「使用者の責に帰すべき事由」とは、第一に使用者の故意、過失又は信義則上これ
と同視すべきものより広く、第二に不可抗力によるものは含まれません。例えば、新
型コロナウイルスに感染し、都道府県知事が行う就業制限により労働者が休業する場

合は、一般的には「使用者の責に帰すべき事由による休業」には該当しないと考えられますので、休業手当を支払う必要はありません。

　なお、休業手当も賃金ですので、通常は税金、社会保険料の労働者負担分等は控除して支払うことになります。

賃金計算に際し、円未満などの端数が生じた場合はどのように処理すればよいでしょうか。

A　就業規則などに定めをした上で、次のように端数処理をすることは、常に労働者の不利となるものではなく、事務簡便を目的としたものと認められますので、労基法（全額払いの原則）違反とはなりません（昭63・3・14基発150・婦発47）。

① 1時間当たりの割増賃金額に円未満の端数が生じた場合
　　→50銭未満は切り捨て、50銭以上1円未満は切り上げて処理

② 1か月の時間外・休日・深夜労働時間数に1時間未満の端数が生じた場合
　　→30分未満を切り捨て、30分以上1時間未満を切り上げて処理（あくまでも1か月単位の端数処理ですから、1日単位での切り捨てはできません。）

③ 1か月の賃金支払額に100円未満の端数が生じた場合
　　→50円未満を切り捨て、50円以上100円未満を切り上げて処理

④ 1か月の賃金支払額に1,000円未満の端数が生じた場合
　　→翌月の賃金支払日に支払う

1月から3月までの月当たり稼働日を一定にするため、賃金計算期間を1月14日〜2月12日、2月13日〜3月14日、3月15日〜4月13日とすることは許されますか。

　　　　賃金の支払については、労基法で「賃金は、毎月一回以上、一定の期日を定めて支払わなければならない。」とされています（労基法24条2項）。

　「毎月払いの原則」は、賃金支払期の間隔が開きすぎることによる労働者の生活上の不安を除くためのものです。また、「一定期日払いの原則」は支払日が不安定で間隔が一定しないことによる労働者の計画的生活の困難を防ぐためのものです。

　「毎月一回以上」の「毎月」とは、暦に従うものと解されますので、毎月1日から月末までの間に少なくとも1回は賃金を支払わなければなりません。

　なお、賃金の計算期間については、月給制のほか、時間給制、日給制、週給制、月・週以外の期間で定めた賃金などがあり、これを前提とした労基則の規定があります（労基則19条）ので、当然労使で自由に決めることが可能なものです。

　以上から、ご質問の賃金計算期間は、「毎月払いの原則」及び「一定期日払いの原則」に何ら反しませんし、労働者の不利になるものでもありません。したがって就業規則で明確に定めておけば、可能と考えられます。

　なお、この場合の、就業規則の定め方としては、次のようなものがあります。

（賃金の計算期間及び支払日）
第〇条　賃金の計算期間及び支払日は、各月ごとに下表のとおりとする。ただし、支払日が金融機関の休業日に当たるときは、その前日に繰り上げて支払う。

月	計算期間	日数	支払日
1月	12月14日〜1月13日	31日	1月25日
2月	1月14日〜2月12日	30日	2月25日
3月	2月13日〜3月14日	30／31日	3月25日
4月	3月15日〜4月13日	30日	4月25日
5月	4月14日〜5月13日	30日	5月25日

6月	5月14日～6月13日	31日	6月25日
7月	6月14日～7月13日	30日	7月25日
8月	7月14日～8月13日	31日	8月25日
9月	8月14日～9月13日	31日	9月25日
10月	9月14日～10月13日	30日	10月25日
11月	10月14日～11月13日	31日	11月25日
12月	11月14日～12月13日	30日	12月25日

賃金の計算ミスをした場合、翌月の賃金で精算してもよいのですか。

A

　賃金は、支払うべき額の全額を支払うことが原則です（Q128参照）から、不足分については翌月に持ち越さないで支払う必要があります。

　一方、過払い分について翌月の賃金から差し引く（調整的相殺）には、厳密にいえば労使間の控除協定が必要ですが、あらかじめ労働者にそのことが予告され、その額が多額にわたらないなど、労働者の経済生活の安定を脅かすおそれがない場合には当該協定がなくとも全額払いの原則には反しないと解されています（最一判昭44・12・18判時581・3）。

賃金支払日の10日前に退職した労働者が、退職日に日割り賃金の支払を請求した場合、賃金支払日まで待つように言うことはできますか。

　　労基法23条では、「使用者は、労働者の死亡又は退職の場合において、権利者の請求があつた場合においては、7日以内に賃金を支払い、積立金、保証金、貯蓄金その他名称の如何を問わず、労働者の権利に属する金品を返還しなければならない。」と規定されています。

　したがって、労働者と話合いをして待ってもらうようお願いすることはできますが、どうしてもと言われれば、7日以内に支払わなければなりません。

　なお、退職金については、あらかじめ特定した支払期日に支払うことで差し支えありません（昭26・12・27基収5483）。

　　タクシー乗務員の賃金には保障給を定める必要があると聞いたのですが。

　　出来高払制の賃金制度では、何らかの理由で出来高が上がらない場合があります。この場合、賃金が出来高と連動するため極めて低額となる可能性があります。

　　労基法27条は「出来高払制その他の請負制で使用する労働者については、使用者は、労働時間に応じ一定額の賃金の保障をしなければならない。」と規定しています。この趣旨は、労働者の最低生活を保障することにあります。「労働時間に応じ一定額の賃金の保障」ということですので1時間につきいくらと定める時間給であることが原則です。

　ところで、労基法には賃金の保障が必要としているだけで具体的な額についての規定がありません。ただし、自動車運転者については、この趣旨を踏まえ、「歩合給制度が採用されている場合には、労働時間に応じ、固定的給与と併せて通常の賃金の6割以上の賃金が保障されるよう保障給を定めるものとすること。」（令4・12・23基発1223第3）とされています。

　なお、「一時間当たりの保障給」の実際の算定に当たっては、特段の事情のない限り、各人ごとに過去3か月程度の期間において支払われた賃金の総額（全ての時間外労働及び休日労働に対する手当を含み、臨時に支払われた賃金及び賞与を除きます。）を当該期間の総労働時間数で除して得た金額の100分の60以上の金額をもって充てることとして差し支えなく、また、毎年1回等定期的にあらかじめ定めておく場合には、特段の事情のない限り、当該企業の歩合給制労働者に対し過去3か月程度の期間に支払われた賃金の総額（全ての時間外労働及び休日労働に対する手当を含み、臨時に支払われた賃金及び賞与を除きます。）を当該期間の延総労働時間数で除して得た金額の100分の60以上の金額をもって保障給として差し支えありません。

　近年、最低賃金が上昇してきていますので、保障給を定めたとしても、その額が最低賃金を下回ることもあり得ます。その場合には、最低賃金を支払う必要があります。

労基法上、賃金台帳に記載すべき項目は何ですか。

　賃金台帳に記載すべき事項は、次のとおりです（労基法108条、労基則54条）。特に⑤⑥⑦の項目は、労働時間把握の適正化の観点から確実に記載してください。また、賃金台帳の保存期間は5年間ですが、経過措置として当分の間3年間保存してください（労基法附則143条1項）。

① 労働者の氏名
② 性　別
③ 賃金計算期間
④ 労働日数
⑤ 労働時間数
⑥ 時間外労働時間数・休日労働時間数・深夜労働時間数
⑦ 基本給、手当その他賃金の種類ごとにその額
⑧ 賃金の一部を控除した場合はその額
　※　賃金台帳は電子機器を用いて磁気ディスク、磁気テープ、光ディスク等により

調整することも可能です（Q120参照）。

新規採用者について入社後一定期間賃金の最低保障を行っていますが、まとまった休業を命ぜざるを得なくなったような場合でも最低保障はしなければいけませんか。

貴社の賃金の最低保障制度の内容次第です。いかなる場合にも最低保障を行うとする制度もあれば、満稼働が条件という制度もあり得ます。重要なのは、就業規則や労働条件通知書において、最低保障を行う要件を明確に定めるとともに、労働者に対し十分説明し理解を得ておくことです。

第2　乗務員負担制度と累進歩合制

適法な賃金控除協定があれば、キャッシュレス決済手数料などの乗務員負担分を控除することは可能ですか。

税金、社会保険料など法律で定められているもの以外は、適法な賃金控除協定がなければ確定賃金から控除することはできません。また、賃金控除協定があっても、その控除項目が事理明白なものでなければ控除できないという通達（※）があります。

※　（労基法24条）1項ただし書後段は、購買代金、社宅、寮その他の福利、厚生施設の費用、社内預金、組合費等、事理明白なものについてのみ、労基法36条1項の時間外労働と同様の労使の協定によって賃金から控除することを認める趣旨であること（昭27・9・20基発675、平11・3・31基発168）。

ここで「事理明白なもの」とは、労働者が負担することが、物事の道理に明らかにかなっているという意味です。通達で例示されている購買代金、社宅の費用、組合費等は当然労働者個人が負担すべきことは疑う余地がありません。ところが、キャッシュレス決済手数料、チケット手数料などについては、事業の実施に付随して発生する

費用であり、労働者が負担すべきことが事理明白とはいえません。このような費用等を確定賃金から控除すると賃金の全額払いの原則に反し、労基法違反と扱われる可能性がありますので留意してください。

なお、このような確定賃金からの控除ではなく、賃金額算定の過程でこれらキャッシュレス決済手数料、チケット手数料等の一定部分を計算式に組み込んで支払賃金額に反映させることは、直ちに労基法違反を構成することにはなりません。なぜなら、賃金は強行法規に反しない範囲で労使が自主的に決めるべきものであるからです。ただし、乗務員負担制度があるかどうかといえば、あるということになります。

乗務員負担制度はなぜ廃止しなければならないのですか。

乗務員負担制度とは、法令に特段の定めがあるわけではありませんが、一般に乗務員の賃金が出来高払制であることを前提に、キャッシュレス決済手数料、チケット手数料、無線・ＧＰＳ手数料、黒塗り車両乗務料、専用乗り場入構料などについて、その経費の一部を乗務員が負担することにより、車両、設備等の充実や営収の確保を図るとともに、乗務員間の公平性を確保することなどを目的に導入されてきたタクシー業界特有の慣行といえます。他産業では、労務の提供を受ける事業者がこれらを経費として確保し労働者に負担を求めることは行われていませんので、これらの慣行は外部からみて理解しづらいだけでなく、人材確保の面からも廃止することが適当といえます。

こうした観点から、平成25年11月のタクシー特措法等の一部を改正する法律案に対する国会附帯決議において、「一般乗用旅客自動車運送事業者は…事業に要する経費を運転者に負担させる慣行の見直し等賃金制度の改善等に努める」とされました。

また、国土交通省が行っている「働きやすい職場認証制度」の認証要件の1つとされています。

したがって、乗務員負担制度は、確定賃金から控除する場合（Q140参照）を除き、法違反というようなものではありませんが、附帯決議等を踏まえ、廃止に向けて取り組むべき課題といえます。

高速帰路料金は廃止すべき乗務員負担制度に含まれますか。

　　営業所からかなり離れた場所までお客様をお送りした後の帰り道に高速道路を利用するかどうか、利用した場合の高速道路使用料金を労使いずれが負担するかという問題と思われます。

　　まず、会社が高速道路の使用を指示していない、又は禁じている場合は、高速道路を使用すること自体が想定されず高速帰路料金の負担の問題も発生しません。

　　次に、高速道路を利用して帰ってくることが認められている場合（会社によっては労使協議の上で極めて詳細な規定を設けて運用しているものがあります。）、特段の指示があった場合などは、会社は所要の料金を負担することになっていますので、乗務員負担の問題は発生しません。

　　したがって、もし問題となるとすれば、高速道路の使用を想定しているにもかかわらず、会社がその負担を行っていない場合です。このような例は少ないと思われますが、万一、この取扱いが曖昧になっているとすれば、乗務員等から乗務員負担制度が残っているとの指摘を受ける可能性がありますので、速やかに社内の取扱いを明確にすべきでしょう。

累進歩合制とはどのような賃金制度をいうのですか。

　　累進歩合制とは、累進歩合給制より広い概念であって、累進歩合給制的な効果（※）を生ずる一切の賃金制度をいいます。

　　※　例えば、下図のように営収に連動した賃金の増減に非連続性があるため、乗務員がより上位のステップの適用を目指すことにより、長時間労働や制限速度違反など無理な運転につながりやすくなることをいいま

す。

　累進歩合制の代表的賃金制度である累進歩合給制とは、営収等をその高低に応じて数階級に区分し、階級区分の上昇に応じ逓増する歩率を営収等に乗じて歩合給を算定する方式です。この賃金制度では、営収等に応じて階級区分を移動するごとに歩合給の額が非連続的に増減します。

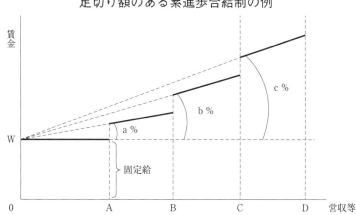

足切り額のある累進歩合給制の例

〔具体例〕

　営収等が30万円未満の場合は固定給W万円、営収等が30万円以上40万円未満の場合はW万円 ＋ 歩率a％、以後10万円増えるごとに歩率がb％、c％、d％…と逓増する（a＜b＜c＜d…）累進歩合給制の場合

①　営収等が28万円のとき

　　歩合給 ＝ W万円

②　営収等が38万円のとき

　　歩合給 ＝ W万円 ＋ 38万円 × a％

③　営収等が55万円のとき

　　歩合給 ＝ W万円 ＋ 55万円 × c％

④　営収等が68万円のとき

　　歩合給 ＝ W万円 ＋ 68万円 × d％

　次に、累進歩合給制ではありませんが、その効果として累進歩合制に含まれるものとして、「トップ賞」というものがあります。これは、営収等の最も高い者又はごく一部の労働者しか達成できない高い目標を達成した者に褒賞的に支給するもので、歩合給の増減に非連続性がみられます。

　また、営収等を数区分し、その営収等の区分に達するごとに、一定額の奨励加給等の名称の手当を支給するものも累進歩合制に該当します（下図参照）。

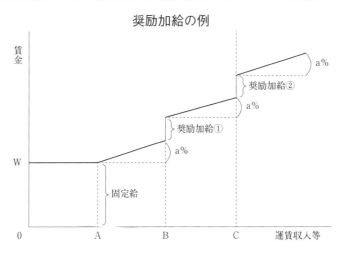

奨励加給の例

累進歩合制は労基法の違反になるのですか。

　本来、各社の賃金制度は、最賃法や公序良俗に反しない限り、労使で協議の上、自主的に決定されるべきものです。このことから累進歩合制の賃金制度を採用することについて法律上これを禁止する特段の規定はなく、法に違反するということもありません。

　ただし、累進歩合制は、歩率の変動する運賃収入等（階級区分）の直前の労働者に、上位のステップに到達するため長時間労働やスピード違反を極端に誘発するおそれがあり、交通事故の発生も懸念されることから、基本通達（令4・12・23基発1223第3）で廃止すべきであるとされています。

　また、平成25年11月のタクシー特措法等の一部を改正する法律案に対する国会附帯決議において、「一般乗用旅客自動車運送事業者は…累進歩合制の廃止…等賃金制度の改善等に努める」とされるとともに「国土交通省及び厚生労働省は、累進歩合制の廃止について改善指導に努めること」とされています。

　さらに、国土交通省が行っている「働きやすい職場認証制度」の認証要件の一つとされています。

　以上のことから、タクシー事業者には累進歩合制廃止に向けた取組が求められているといえます。

　足切り制度により、賃金カーブに非連続点が1か所生ずる場合がありますが、これも累進歩合制に該当するのですか。

　ご質問のケースについては、非連続点があるという一点において累進歩合制の定義に形式的には該当するとも考えられます（図1参照）。しかし、そもそも基本通達（令4・12・23基発1223第3）で累進歩合制を廃止すべきとした趣旨・目的は、「歩率の変動する運賃収入等（階級区分）の直前の労働者に、上位のステップに到達するため長時間労働やスピード違反を極端に誘発するおそれがあり、交通事故の発生も懸念される」ためです（Q144参照）。各社における賃金制度の具体的な定め方にもよりますが、多くの場合上述したような懸念はなく廃止すべき累進歩合制には該当しないものと考えられます。

　ただし、労働基準監督機関から強く廃止を指導されるような場合には、非連続点を解消すればよいわけですから、足切りを超える前後で図2のような傾斜を設けることも一方法です。

図1　足切りにより非連続点がある歩合給の例

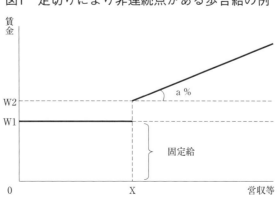

図2　足切りによる非連続点を解消する例

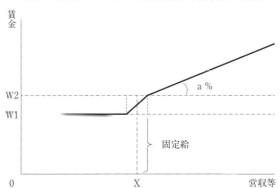

積算歩合給制とは、どのような賃金制度ですか。

A　積算歩合給制とは、営収等を数区分し、区分ごとの歩率が変動（一般には逓増します。）し、歩合給は各区分の営収等にその対応する歩率を乗じた金額を順次合計（積算）する方式です。この賃金制度は、営収等と賃金の関係を示すカーブに非連続点は生じません。また、頑張った乗務員には頑張ったなりの歩合給が支給される賃金制度でもあります。

図1　足切り額のある積算歩合給制の例

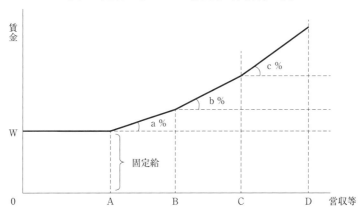

〔就業規則の規定例〕

（乗務員の歩合給）

第○条　乗務員の歩合給は積算歩合給制とし、月間営収額Sに応じて次の算式により算出する。なお、月間営収額は消費税を含まないものとし、金額に端数が生じた場合、1円未満は切り上げるものとする。

S ＜ 30万円のとき	歩合給 ＝ 18万円
30万円 ≦ S ＜ 40万円のとき	歩合給 ＝ 18万円 ＋ （S － 30万円） × 30%
40万円 ≦ S ＜ 50万円のとき	歩合給 ＝ 21万円 ＋ （S － 40万円） × 40%
50万円 ≦ S ＜ 60万円のとき	歩合給 ＝ 25万円 ＋ （S － 50万円） × 50%
:	:

※　上記の数値はあくまでも例です。算式3行目の21万円は18万円＋(40−30)×30%の計算結果、4行目の25万円は21万円＋(50−40)×40%の計算結果であり、直前の営収区分までの積算額を示しています。

積算歩合給制の傾きについては、次のように説明することも可能です。すなわち、営収等がAを超えると a'%の傾きとなります。次いで営収等がBを超えると a'＋b'%の傾きとなり、さらにCを超えると a'＋b'＋c'%の傾きとなっていきます。これにより描き出された賃金の軌跡は、実は上記図1と同一となります。

図2　足切り額のある積算歩合給制の例

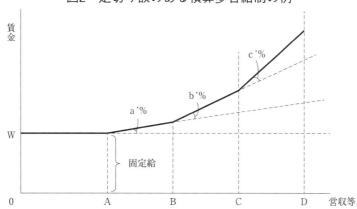

累進歩合給制の賃金制度から積算歩合給制の賃金制度に改正した
いと考えています。激変緩和のため、従来の軌跡をある程度残した
就業規則規定例を示してください。

積算歩合給制においては、営収区分が上昇するにつれ歩率が逓増する
のが典型例です。しかし、ご質問のように長年運用してきた累進歩合給
制から積算歩合給制に移行する際には、労使協議の中で激変緩和を求め
られることも想定されます。この場合には営収区分ごとに賃金上昇の傾き
を従来の累進歩合給制の賃金軌跡を踏まえて個別に決めていく（急な傾斜と緩やか
な傾斜の組合せ。下図の太い点線のような軌跡のイメージ）ことになります。

累進→積算歩合給制への移行のイメージ

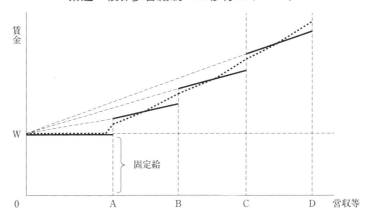

　この場合、営収区分ごとの傾きの妥当性や全体のシミュレーションなど詳細な検
討・労使協議が必要となりますが、運用に当たっては歩合給の一覧表を見るだけで簡
単に計算できますのでかなりわかりやすい（※）と思われます。以下に規定例を示しま
すので参考にしてください。
　※　積算歩合給制では、歩合給の計算は営収区分の少ない方から該当する営収区分
　　　まで順次足し上げる（積算する）イメージですが、以下の規定例では直前までの
　　　積算額を表内に明示しています。したがって、歩合給はa欄の積算額（直前の営
　　　収区分までの積算額）にb欄の額を計算して足す（1回の掛け算と1回の足し算）
　　　だけで算出することができます。

（乗務員の歩合給）
第〇条　乗務員の歩合給は積算歩合給制とし、下表の月間営収区分に応じたa欄とb欄

の額の和とする。なお、ｂ欄のＳは月間営収額とし、消費税を含まないものとする。
また金額に端数が生じた場合には1円未満の端数を切り上げるものとする。

積算歩合給一覧表

	月間営収区分	a	b
		直前の営収区分までの積算額	当該営収区分における額
1	460,000円以下	－	Ｓ × 0.46
2	460,000円超え 500,000円以下	211,600円	（Ｓ － 460,000円） × 0.68
3	500,000円超え 540,000円以下	238,800円	（Ｓ － 500,000円） × 0.56
4	540,000円超え 580,000円以下	261,200円	（Ｓ － 540,000円） × 0.72
5	580,000円超え 620,000円以下	290,000円	（Ｓ － 580,000円） × 0.aa
6	620,000円超え 660,000円以下	aaa,aaa円	（Ｓ － 620,000円） × 0.bb
:	:	:	:
m	nnn,nnn円超え	mmm,mmm円	（Ｓ － nnn,nnn円） × 0.ff

(注)　数値はあくまでも例です。この表の場合、第2行目と第4行目の傾きが急になっています。3行目の238,800円は、2行目の211,600円＋(500,000円－460,000円)× 0.68の計算結果です。

Q148　タクシーの賃金制度で、Ａ型とかＡＢ型という言葉を聞きますが、これらは何を指しているのですか。

A　タクシー乗務員の賃金は、一般的には歩合給が中心となりますが、その定め方は千差万別です。従来タクシー業界では、歩合給は当然として、このほかに基本給・諸手当の有無、賞与及び退職金の有無と関連付けて

Ａ型賃金、Ｂ型賃金、ＡＢ型賃金等の用語で賃金制度を大別してきました。これらは法令等に特別な定義があるわけではなく、使う人によっても必ずしも同一内容というわけではありませんが、おおむね次のような内容となっています。

　Ａ型賃金…月例賃金は基本給、諸手当及び歩合給とし、ほかに賞与・退職金制度があるもの。

　Ｂ型賃金…Ａ型賃金から賞与・退職金制度を廃止し、その分を月例賃金に含めて支給するもの。オール歩合給の場合が多い。

　ＡＢ型賃金…社会保険料対策のためＢ型賃金の月例賃金を下げて賞与を支給するもの。ただし、平成15年から賞与も同率の社会保険料算定対象とされたため、軽減メリットは消滅しています。

　このほか、Ｏ型、Ｎ型、Ｔ型賃金などの呼称のものもあるようですが、賃金制度は呼称のみで判断するのではなく、就業規則（賃金規程）で具体的にどのように定められているかを確認した上で判断することが重要です。

第3　割増賃金

割増賃金の制度はなぜあるのですか。

　労基法37条が、時間外労働、休日労働及び深夜労働に対し、使用者に割増賃金を支払うべきことを罰則付きで義務付けたのは、同法が規定する法定労働時間及び週休制の原則の維持を図るとともに、過重な労働（長時間・連続労働、深夜時間帯の労働など）に対する労働者への補償を行おうとするものです。

　最高裁判例でも、「使用者に割増賃金を支払わせることによって、時間外労働等を抑制し、もって労働時間に関する同法の規定を遵守させるとともに、労働者への補償を行おうとする趣旨によるものであると解される。」としています（最一判令2・3・30判時2460・95）。

割増賃金の割増率が何通りもあるので、場合分けして教えてください。

　　労基法上の割増賃金の割増率を場合分けすると、以下のとおりです（労基法37条、労働基準法第37条第1項の時間外及び休日の割増賃金に係る率の最低限度を定める政令、労基則20条）。なお、②及び⑥については、令和5年4月1日から中小企業に対しても適用されています（Q151以下参照）。

① 　法定労働時間（1日8時間、1週40時間）を超えて労働…25％以上
② 　①の労働が1か月で60時間を超えた場合…50％以上
③ 　法定休日（1週間に1日又は4週に4日与える休日）に労働…35％以上
④ 　深夜の時間帯（午後10時から午前5時まで）に労働…25％以上
⑤ 　①と④が重なる場合…50％以上
⑥ 　②と④が重なる場合…75％以上
⑦ 　③と④が重なる場合…60％以上

　　時間外労働の割増賃金率が50％増し以上になると聞いたのですが、詳しく教えてください。

　　制度の概要と留意点をみていきましょう。

　（1）　制度の概要

　　労基法上、大企業においては平成22年4月1日以降、使用者が1か月について60時間を超えて時間外労働をさせた場合には、60時間までは通常の労働時間の賃金の計算額の25％以上、60時間を超えた時間外労働については同じく50％以上の率で計算した割増賃金を支払わなければならないこととされました（労基法37条1項ただし書）。

　　ただし、この時点では、中小企業（資本金3億円以下又は労働者300人以下の企業）は経営力等を考慮し適用が猶予されました。その後、働き方改革関連法が成立したことにより、その猶予措置が廃止され、令和5年4月1日以降、中小企業においても同様の対応が義務付けられました。

　これにより中小企業においても、例えば1か月に80時間の時間外労働をさせた場合には、60時間分の時間外労働に関しては従前同様割増賃金率25％以上、60時間を超えた残りの20時間分に関しては割増賃金率50％以上で計算した割増賃金を支払うことが必要となりました。

　(2)　1か月の起算日

　ここで「1か月」とは、暦による1か月をいうものですが、その起算日を労基法89条2号の「賃金の決定、計算及び支払の方法」として就業規則に記載する必要があります。1か月の起算日の決め方としては、毎月1日や賃金計算期間の初日とすることが考えられます。

　(3)　時間外労働のカウントの仕方

　「60時間を超えた時間外労働」として50％以上の率で計算した割増賃金の支払が義務付けられるのは、1か月の起算日から時間外労働時間数を累計して60時間に達した時点より後に行われた時間外労働についてです。

　ところで労基法35条に規定する週1回又は4週4日の休日については、別途、法定休日労働として35％以上の率で計算した割増賃金を支払う必要があり、時間外労働時間数のカウントには入りません。一方、法定休日以外の休日（いわゆる「所定休日」）における労働は、法定労働時間を超えるものである場合には、時間外労働に該当するため、「60時間を超えた時間外労働」の算定の対象に含めなければなりません（下図参照。薄灰色部分の累計が60時間を超えた場合に割増率が50％以上となります。）。

①　日勤勤務における時間外労働と休日労働との関係（月曜日からの1週間をすべて
　　勤務した場合）

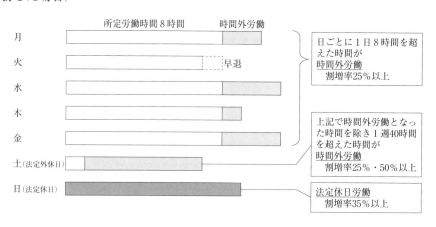

※　上図における薄灰色部分が時間外労働としてカウントされます。1か月勤務した結果、薄灰色部分の累計が60時間を超えると割増率50％以上の割増賃金の対象となります。

② 隔日勤務における時間外労働のカウントの仕方

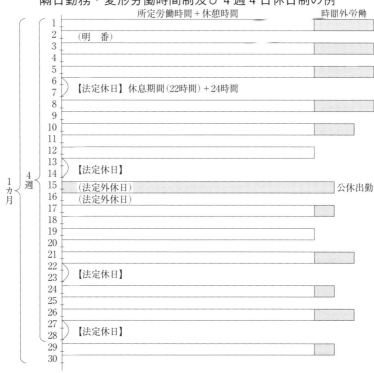

隔日勤務・変形労働時間制及び4週4日休日制の例

※　上図は、隔日勤務において、28日を変形期間とする変形労働時間制（3s3t3s2s制・11勤6休制、1日の所定労働時間14.5時間）及び4週4日休日制を採用している例です。ほとんどの勤務で時間外労働があり、15日目の法定外休日に公休出勤をしています。法定休日は4日間確保されていますので法定休日労働はないことになります。1か月の勤務回数は13勤務となります。1か月における時間外労働は上図の薄灰色部分の合計となります。

　　隔日勤務の場合は、改善基準告示において1か月の拘束時間が262時間又は270時間が上限と定められていますので、

　　262時間－174時間（14.5時間×12日）－36時間（3時間×12日）＝52時間

　　270時間－174時間（14.5時間×12日）－36時間（3時間×12日）＝60時間

となり、改善基準告示を遵守する限り、1か月60時間を超える時間外労働が発生する可能性は少ないといえます（休憩時間を3時間とらないような場合はあり得ます。）。

（4）　深夜業と重なる場合

　また、深夜労働のうち、1か月について60時間に達した時点より後に行われた時間外労働であるものについては、深夜労働の割増賃金率（25％以上）と1か月について60時間を超える時間外労働の割増賃金率（50％以上）とが合算され、75％以上の率で計算した割増賃金の支払が必要となりますので注意してください（平21・5・29基発0529001）。

　割増賃金率50％以上への引上げの施行日は、令和5年4月1日とされていますが、この日をまたぐ1か月については、どのように計算すればよいですか。

　施行日である令和5年4月1日から時間外労働を累積して計算することになります。

　例えば、毎月15日締切りの場合で1か月の起算日を賃金計算期間の初日とした場合、令和5年3月16日から同年4月15日の賃金計算期間の途中に施行日があることになります。この場合、あくまでも令和5年4月1日が施行日ですから令和5年4月1日から同月15日までの間で時間外労働が60時間を超えた場合にその部分について50％以上の割増賃金を支払うことになります。

　1か月60時間を超える時間外労働の割増賃金率が50％以上に引き上げられる場合の就業規則規定例を教えてください。

　例えば次のような規定例が考えられます。

（乗務員の割増賃金）
第〇条　時間外労働（法定休日以外の休日に労働し1日8時間又は1週40時間を超えた場合を含む。以下同じ。）、休日労働又は深夜労働を行った場合の基本給及び諸手当に係

る割増賃金は、次の算式により計算して支給する。この場合、諸手当には労働基準法第37条第5項で定める賃金は算入しない。また、1か月の起算日は、毎月16日とする。

① 時間外労働割増賃金（法定労働時間を超えて労働させた場合）

　⑦ 1か月60時間以下の時間外労働について

$$\frac{基本給＋諸手当}{1か月平均所定勤務時間数}×1.25×時間外労働時間数$$

　④ 1か月60時間を超える時間外労働について

$$\frac{基本給＋諸手当}{1か月平均所定勤務時間数}×1.50×時間外労働時間数$$

② 休日労働割増賃金（法定休日に労働させた場合）

$$\frac{基本給＋諸手当}{1か月平均所定勤務時間数}×1.35×休日労働時間数$$

③ 深夜労働割増賃金（午後10時から午前5時までの間に労働させた場合）

$$\frac{基本給＋諸手当}{1か月平均所定勤務時間数}×0.25×深夜労働時間数$$

2 時間外労働、休日労働又は深夜労働を行った場合の歩合給に係る割増賃金は、次の算式により計算して支給する。この場合、1か月の起算日は、毎月16日とする。

① 時間外労働割増賃金（法定労働時間を超えて労働させた場合）

　⑦ 1か月60時間以下の時間外労働について

$$\frac{歩合給}{当該歩合給に係る総勤務時間数}×0.25×時間外労働時間数$$

　④ 1か月60時間を超える時間外労働について

$$\frac{歩合給}{当該歩合給に係る総勤務時間数}×0.50×時間外労働時間数$$

② 休日労働割増賃金（法定休日に労働させた場合）

$$\frac{歩合給}{当該歩合給に係る総勤務時間数}×0.35×休日労働時間数$$

③ 深夜労働割増賃金（午後10時から午前5時までの間に労働させた場合）

$$\frac{歩合給}{当該歩合給に係る総勤務時間数}×0.25×深夜労働時間数$$

月60時間以上の時間外労働に関する代替休暇について教えてください。

労基法では、使用者が1か月について60時間を超えて時間外労働をさせた場合には、その超えた時間の労働については、通常の労働時間の賃金の計算額の50%以上の率で計算した割増賃金の支払を義務付けています（労基法37条1項ただし書）。

しかし、これには例外が設けられています。

そもそも1か月に60時間を超える長い時間外労働をさせた労働者については、労働者の健康を確保する観点からいえば、割増賃金という金銭的な補償よりは、長く働いた分はそれに見合う休息の機会を与えることの方がより望ましいといえます。

そこで事業場の過半数労働組合又は過半数代表者との書面による協定を締結することにより、法定割増賃金率の引上げ分の割増賃金の支払に代えて、有給の休暇（※）を与えることができることとしたもので、これが「代替休暇」です（労基法37条3項）。なお、労働者が実際に代替休暇を取得した場合であっても、従前から支払義務のあった割増賃金（25%以上の率で計算した割増賃金、すなわち1.25以上）の支払が必要であることに留意してください（下図参照）。

※　有給の休暇…労基法37条3項では、「第1項ただし書きの規定により割増賃金を支払うべき労働者に対して、当該割増賃金の支払に代えて、通常の賃金が支払われる休暇を…与える…」と定められています。

1か月に80時間の時間外労働を行った場合の代替休暇のイメージ

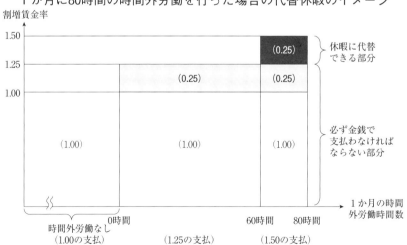

　代替休暇を与えるには事業場の過半数労働組合又は過半数代表者との書面による協定が必要です。労使協定には、以下の4つの事項を定めることとされています（労基則19条の2、平21・5・29基発0529001）。

　(1)　代替休暇として与えることができる時間外労働の時間数の算定方法

　代替休暇として与えることができる時間外労働の時間数の算定方法については、1か月について60時間を超えて時間外労働をさせた時間数に、労働者が代替休暇を取得しなかった場合に支払うこととされている割増賃金率（50％以上）と、労働者が代替休暇を取得した場合に支払うこととされている割増賃金率（25％以上）との差に相当する率（以下「換算率」といいます。法定どおりであれば25％になります。）を乗じるものとされています。

　（参考例・法定どおりの割増率の場合）

　　代替休暇として与えることができる時間数

　　　＝（1か月の時間外労働時間数－60時間）×換算率（50％－25％）

　　※　例えば、84時間の時間外労働が行われた月については、

　　　　（84－60）×（50％－25％）＝24×25％＝6時間

　(2)　代替休暇の単位

　代替休暇の単位については、まとまった単位で与えられることによって労働者の休息の機会とする観点から、1日又は半日とすべきとされていますので、その一方又は両方を定める必要があります。

　代替休暇として与えることができる時間外労働の時間数が労使協定で定めた代替休暇の単位（1日又は半日）に達しない場合であっても、「代替休暇以外の通常の労働時間の賃金が支払われる休暇」と合わせて1日又は半日を取れるようにしてもよいとされていますので、例えば、6時間分の代替休暇に2時間分の時間単位の年次有給休暇をプラスして1日の休暇を付与するというような取扱いができます。

　代替休暇の時間数が10時間ある場合の対応例（いずれも可）

　・8時間分を1日の代替休暇とし、2時間分を金銭で支払う。

　・8時間分を1日の代替休暇とし、2時間分の代替休暇に2時間分の時間単位の年次有給休暇を加えて半日の休暇とする。

　(3)　代替休暇を与えることができる期間

　代替休暇は、特に長い時間外労働を行った労働者の休息の機会の確保が目的ですか

ら、一定の近接した期間内に与えられる必要があります。このため、代替休暇は当該
60時間を超える時間外労働が行われた月の末日の翌月から2か月以内に与えなければ
ならないとされています。

　　・4月の時間外労働に対応する代替休暇…5～6月に取得可

　　・5月の時間外労働に対応する代替休暇…6～7月に取得可

　(4)　代替休暇の取得日の決定方法及び割増賃金の支払日

　代替休暇を取得するかどうかは、労働者の判断によりますので、使用者が労使協定
に基づき取得を命じるようなことはできません。実務的には、就業規則に「代替休暇
は、労働者の意向を聴取した上で、これを指定できる。」旨の規定を置いて運用するこ
とになります。

　また、労働者が代替休暇取得の意向がある場合の通常の25％以上に相当する割増賃
金、労働者が代替休暇取得の意向がないか、その意向が確認できない場合の特別の50％
以上の割増賃金については、いずれも当該割増賃金が発生した賃金計算期間の賃金支
払日に支払うことになります。

 割増賃金の算定基礎から除外される賃金とは何ですか。

 　割増賃金の額を求める場合に基礎となる賃金は、通常の労働日又は労
働時間の賃金とされており、以下の賃金を除いたものが算定基礎となり
ます（労基法37条5項、労基則21条）。

　①　家族手当（※1）

②　通勤手当（※2）

③　別居手当

④　子女教育手当

⑤　住宅手当

⑥　臨時に支払われた賃金（結婚手当など）

⑦　1か月を超える期間ごとに支払われる賃金（賞与など）

なお、これらの賃金に該当するかどうかは名称ではなく、実質で判断されます。

※1　「家族手当」とは、物価手当、生活手当、扶養手当等名称のいかんにかかわら
　　ず、「扶養家族数又はこれを基礎とする家族手当額を基礎として算出した手当」を
　　いいます。ただし、家族手当と称していても、扶養家族数に関係なく一律に支給
　　される手当や一家を扶養する者に対し基本給に応じて支払われる手当は、本条（労
　　基法37条）でいう家族手当ではありません。扶養家族ある者に対し、本人分何円、
　　扶養家族一人につき何円という条件で支払われるとともに、均衡上独身者に対し
　　ても一定額の手当が支払われている場合にはこれらの手当のうち「独身者に対し
　　て支払われている部分及び扶養家族のあるものにして本人に対して支給されてい
　　る部分は家族手当ではない」（昭22・12・26基発572）とされています。

※2　「通勤手当」とは、労働者の通勤距離又は通勤に要する実際費用に応じて算定
　　される手当と解されます。したがって、通勤手当は原則として実際距離に応じて
　　算定するが、一定額までは距離にかかわらず一律に支給する場合には、実際距離
　　によらない一定額の部分は本条の通勤手当ではありません（昭23・2・20基発297）。

除外賃金の「住宅手当」について詳しく教えてください。

　　　　割増賃金の基礎から除外される「住宅手当」とは、住宅に要する費用
　　に応じて算定される手当をいい、手当の名称にかかわらず、実質によっ
　　て判断されます。「費用に応じた算定」とは、費用に定率を乗じた額とす
　　ることや、費用を段階的に区分し費用が増えるにしたがって額を多くす
ることをいい、住宅に要する費用にかかわらず、一律に定額で支給される手当は該当
しません（この場合には、割増賃金の基礎に入れる必要があります。）（平11・3・31基発
170）。

〔具体例〕

(1)　労基法37条の住宅手当に当たる例

　①　住宅に要する費用に定率を乗じた額を支給することとされているもの。例え

ば、賃貸住宅居住者には家賃の一定割合、持家居住者にはローン月額の一定割合を支給することとされているもの。

②　住宅に要する費用を段階的に区分し、費用が増えるにしたがって額を多くして支給することとされているもの。例えば、家賃月額5～10万円の者には2万円、家賃月額10万円を超える者には3万円を支給することとされているようなもの。

(2)　労基法37条の住宅手当に当たらない例

①　住宅の形態ごとに一律に定額で支給することとされているもの。例えば、賃貸住宅居住者には2万円、持家居住者には1万円を支給することとされているようなもの。

②　住宅以外の要素に応じて定率又は定額で支給することとされているもの。例えば、扶養家族がある者には2万円、扶養家族がない者には1万円を支給することとされているようなもの。

③　全員に一律に定額で支給することとされているもの。

乗務員の割増賃金はどのように計算すればよいのですか。

　　　割増賃金の計算方法は賃金形態により異なります。以下、賃金形態別にみていきます。なお、令和5年4月1日から、中小企業においても1か月60時間を超える時間外労働については50％以上の率で計算した割増賃金を支払う必要があります。

　これらの計算方法は労基法で定められているものですが、これによって算出された額と常に同じか上回る場合には他の計算方法を採用しても差し支えありません。

①　時間給制の場合

　　割増賃金＝時間額×割増率×時間数

②　日給制の場合

　　割増賃金＝時間単価（日給÷所定労働時間）×割増率×時間数

③ 月給制の場合

割増賃金＝時間単価（月給÷月間所定労働時間）×割増率×時間数

※ 月給には、家族手当、通勤手当、住宅手当などの除外賃金（Q155参照）は含まれません。

※ 月間所定労働時間が月により異なる場合には年間の月平均所定労働時間を用います。

④ 歩合給制の場合

割増賃金＝時間単価（歩合給÷総労働時間）×割増率×時間数

※ 総労働時間にはその月の時間外及び休日労働時間が含まれます。

※ 歩合給制の場合の時間外労働については、下図の下の例のとおり、歩合給2万円の中に1.0が含まれていますので、割増率は0.25以上になります。

○日給制（1時間当たり2,000円の場合）

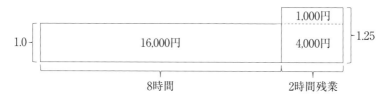

○歩合給制（1時間当たり2,000円と仮定した場合）

⑤ 月給制＋歩合給制の場合

割増賃金＝上記③＋④

〔具体例〕

① 歩合給制の場合

歩合給400,000円、総労働時間250時間、所定労働時間170時間、時間外労働時間80時間、深夜労働時間30時間の場合

㋐ 時間外割増(1)＝(400,000÷250)×0.25×60＝24,000

㋑ 時間外割増(2)＝(400,000÷250)×0.5×20＝16,000

㋒ 深夜割増＝(400,000÷250)×0.25×30＝12,000

したがって、割増賃金計は52,000円、総支給額は、452,000円となります。

② 月給制＋歩合給制の場合

基本給140,000円、乗務手当20,000円、精皆勤手当11,000円、通勤手当8,000円、住宅手当12,000円、無事故手当9,000円

歩合給200,000円

総労働時間250時間、所定労働時間170時間、時間外労働時間80時間、深夜労働時間30時間の場合

㋐　月給制時間外割増(1)＝｛(140,000＋20,000＋11,000＋9,000)÷170｝×1.25×60
＝79,412

※通勤・住宅手当は除かれます（Q155参照）。

㋑　月給制時間外割増(2)＝｛(140,000＋20,000＋11,000＋9,000)÷170｝×1.5×20
＝31,765

㋒　月給制深夜割増＝｛(140,000＋20,000＋11,000＋9,000)÷170｝×0.25×30＝7,942

㋓　歩合給制時間外割増(1)＝(200,000÷250)×0.25×60＝12,000

㋔　歩合給制時間外割増(2)＝(200,000÷250)×0.5×20＝8,000

㋕　歩合給制深夜割増＝(200,000÷250)×0.25×30＝6,000

したがって、時間外割増は㋐＋㋑＋㋓＋㋔＝131,177円、深夜割増は㋒＋㋕＝13,942円、割増賃金計は145,119円、総支給額は、545,119円となります。

Q 158　経営が苦しいので、労使合意の上で当分の間、割増賃金を支払わないことにすることは可能ですか。

A　労基法の規定は、強行法規といって労使の合意によってもその適用を回避することはできません。同法13条は「この法律で定める基準に達しない労働条件を定める労働契約は、その部分については無効とする。この場合において、無効となった部分は、この法律で定める基準による。」としています。したがって労働者が割増賃金を支払わないことに同意したとしても、その部分は無効となり、労基法で定める割増賃金を支払う義務は使用者に依然としてあり、それを支払わなければ法に違反することになります。

遅刻した者がその日に残業した場合も、残業時間に対する割増賃金の支払は必要ですか。

　労基法上、時間外労働の割増賃金の支払が義務付けられているのは、実労働で法定労働時間（1日8時間）を超える労働です。したがって、遅れて勤務に就いた場合は、その日の業務開始以降の実労働時間で8時間を超えた部分についてのみ割増賃金を支払えば足ります。

　1か月単位の変形労働時間制において割増賃金の対象となるのは、変形期間中の総労働時間から同期間中の法定労働時間を差し引いた労働時間ということでよろしいでしょうか。

　1か月単位の変形労働時間制を採用している場合に時間外労働となる時間、すなわち割増賃金の対象となる労働時間は、変形期間が終了した時点で振り返って判定するものではなく、まず日ごと、次に週ごと、最後に変形期間ごととというように時間の経過とともに順次判定していくものです。具体的には次の三つの段階に応じて判定する必要があります。

（1）　日ごと

　①　変形労働時間制で1日8時間を超えて所定労働時間が設定されている日について、その時間を超えて労働した時間

　※　例えば1回の所定労働時間が15時間の隔日勤務において、16時間勤務した場合の1時間

　②　変形労働時間制で1日8時間以下（ゼロ時間の日を含みます。）の労働をさせることとなっている日について、1日8時間を超えて労働させた時間

　※　例えば日勤勤務において、法定外休日（Q166参照）に10時間勤務した場合の2時間

(2)　週ごと（ただし、上記(1)で時間外労働となった時間を除きます。）

　①　変形労働時間制で1週40時間を超えて所定労働時間が設定されている週について、その時間を超えて労働した時間

　②　変形労働時間制で1週40時間以下の労働をさせることとなっている週について、1週40時間を超えて労働させた時間

　※　例えば日勤勤務において、所定労働時間が38時間の週の法定外休日に8時間勤務させた場合の6時間

(3)　変形期間ごと（ただし、上記(1)(2)で時間外労働となった時間を除きます。）

　①　1変形期間の法定労働時間の枠を超えて労働させた時間

　なお、ご質問のような算定方式では、例えば11回の隔日勤務の乗務員が毎回1時間ずつ時間外労働をしたが、最後の1勤務を欠勤したような場合に結論が異なってきます（10時間は時間外労働があったものとして取り扱う必要があります。）。

Q 161　歩合給の中に割増賃金が含まれていると取り扱うことはできないのですか。

A　判例ではこのような取扱いは認められないとされています。

　すなわち、高知県観光事件（最二判平6・6・13判時1502・149）では、会社側はオール歩合給制の下で、時間外・深夜の割増賃金を含め、労働者に応じ月間水揚高の42％、45％、46％の歩率で計算した賃金を支給しているので割増賃金は支払済みと主張しましたが、判決は「乗務員に支給される歩合給の額が、乗務員が時間外及び深夜の労働を行った場合においても増額されるものではなく、通常の労働時間の賃金に当たる部分と時間外及び深夜の割増賃金に当たる部分とを判別することもできないものであったことからして、この歩合給の支給によって、乗務員に対して労基法37条に規定する時間外及び深夜の割増賃金が支払われたとすることは困難なものというべきであり、会社は乗務員に対し、本件請求期間における時間外及び深夜の労働について、労基法37条及び労基則19条1項6号の規定に従って計算した額の割増賃金を支払う義務があることとなる。」として、使用者側敗訴とし、割増賃金及び付加金の支払を命令しています。

割増賃金を固定額で支払うことは違法ですか。

　　割増賃金を固定額で支払うことは一定の条件の下、認められています。その条件とは、次のとおりです（菅野労働法524頁）。
　①　給与明細等において、通常の労働時間分の賃金部分と割増賃金の部分とが区別できるように仕分けられていること
②　その割増賃金の部分が、何時間分の時間外労働（及び深夜労働）をカバーしているのか（労基法37条所定の割増賃金の額を下回らないことが必要）を明示すること
③　そのカバーする時間分を超える時間外労働には、別途割増賃金（同条所定の額以上のもの）を支払うこと
　なお、③の条件を満たすためには、大前提として労働者ごとに各日の労働時間を把握しておくことが必要となります。また、差額の支払は月ごとに行う必要があります。
　また、上記の基準を全て満たしていたとしても、過労死認定基準である月間80時間分の時間外労働を想定した固定残業代の定めについて、実際上も長時間労働が常態化していたことを勘案すると、公序良俗違反として無効であるとした裁判例（東京高判平30・10・4労判1190・5）がありますので留意してください。

割増賃金を営収の一定率と定めて支払うことは違法ですか。

　　割増賃金を営収の一定率で支払うこと自体は直ちに違法とはなりません。しかし、労働者に支払われた割増賃金が、法で定められた計算方法で算定した実際の割増賃金の額を下回らないようにしなければなりません。また、下回っている場合にはその差額分を支払うことを就業規則に明確に規定し、実際に差額を追加支給することが必要です。

　また、固定残業代と同様に、大前提として労働者ごとに各日の労働時間を把握すること及び差額の支払は月ごとに行うことが必要です。

　なお、オール歩合給制の場合の就業規則の規定例を以下に示しますので参考にしてください。

（乗務員の歩合給）
第○条　歩合給は、月間売上高の○％とする。ただし、この額が最低賃金額を下回る場合には、最低賃金額で計算して支払う。
2　時間外手当は、月間売上高の○％とする。ただし、法定計算を下回る場合は法定計算による。
3　深夜手当は、月間売上高の○％とする。ただし、法定計算を下回る場合は法定計算による。

※　歩合給及び時間外・深夜手当の率を定める際は、労使で十分話し合うことはもちろんですが、それぞれの会社の勤務ダイヤや時間外・深夜労働の実態を踏まえ、そこから大きく乖離しないようにした方が、運用に当たり納得性が増すと考えられます。

　歩合給の計算過程で割増賃金と同額を控除する賃金規程に関する最高裁判例の概要を教えてください。

　この裁判（最一判令2・3・30判時2460・95）は、歩合給で働くタクシー乗務員の賃金について、時間外労働に対する割増賃金を支給する一方で、同一額を歩合給の計算の段階で控除することとしている賃金規程（※）の有効性が争われたものです。

※　賃金規程の主な内容は次のとおりです。

　基本給　＝　1乗務（15時間30分）当たり12,500円

　服務手当　＝　1時間当たり1,000円又は1,200円（タクシーに乗務せず勤務した場合の賃金）

　割増金　＝　深夜手当　＋　残業手当　＋　公出手当

　　深夜手当、残業手当及び公出手当は、基本給及び服務手当の額に一定乗率（注

1）を乗じた金額と、対象額Aを基準とした金額に一定乗率（注2）を乗じた金額の
合計額

（注1） 深夜手当0.25、残業手当1.25、法定外休日の公出手当0.25、法定休日の公出手
当0.35

（注2） 深夜手当、残業手当、法定外休日の公出手当0.25、法定休日の公出手当0.35

歩合給(1) ＝ 対象額A － （割増金 ＋ 交通費 × 出勤日数）

　　　　　　　（マイナスとなる場合は支給額は0円とします。）

歩合給(2) ＝ （所定内税抜揚高 － 341,000円） × 0.05

対象額A ＝ {（所定内税抜揚高 － 所定内基礎控除額（注3）） × 0.53} ＋ {（公出
税抜揚高 － 公出基礎控除額（注4）） × 0.62}

（注3） 所定労働日の1乗務当たり控除額（平日29,000円、土曜日16,300円、日曜祝日
13,200円）に各乗務日の日数を乗じて得た額

（注4） 公出労働日の1乗務当たり控除額（平日24,100円、土曜日11,300円、日曜祝日
8,200円）に各乗務日の日数を乗じて得た額

最高裁第一小法廷は、本件を判断するに当たり、過去の判例を参考に次の前提に立
ちました。

① 労基法37条の趣旨

　「労働基準法37条が時間外労働等について割増賃金を支払うべきことを使用者に
義務付けているのは、使用者に割増賃金を支払わせることによって、時間外労働等
を抑制し、もって労働時間に関する同法の規定を遵守させるとともに、労働者への
補償を行おうとする趣旨によるものであると解される（日本ケミカル事件＝最一判平
30・7・19判時2411・124ほか）。」

② 割増賃金の算定方法

　「労働基準法37条等に定められた方法以外の方法により（割増賃金を）算定して
支払うことは同条に反するものではない（第1次上告審判決（最三判平29・2・28判時2335・
90）ほか）。」

③ 明確区分性

　「割増賃金を支払ったかどうかを判断する前提として、労働契約における賃金の
定めにつき、通常の労働時間の賃金に当たる部分と労働基準法37条の定める割増賃
金に当たる部分とを判別することができることが必要である（高知県観光事件＝最二
判平6・6・13、第1次上告審判決（最三判平29・2・28判時2335・90）ほか）。」

④　判断時の留意事項

　「当該手当が時間外労働等に対する対価として支払われているか否かは、当該労働契約に係る契約書等の記載内容のほか諸般の事情を考慮して判断すべきであり、当該手当の名称や算定方法だけでなく労働基準法37条の趣旨を踏まえ、当該労働契約の定める賃金体系全体における当該手当の位置付け等にも留意して検討しなければならない（日本ケミカル事件＝最一判平30・7・19判時2411・124）。」

　次いで、本件事案について、次のとおり判断し、原判決破棄、高裁に差戻しとしました。

①　歩合給(1)は0円になることもある

　「対象額Ａは、揚高に応じて算出されるものであるところ、この揚高を得るに当たり、タクシー乗務員が時間外労働等を全くしなかった場合には、対象額Ａから交通費相当額を控除した額の全部が歩合給(1)となるが、時間外労働等をした場合には、その時間数に応じて割増金が発生し、その一方で、この割増金の額と同じ金額が対象額Ａから控除されて歩合給(1)が減額されることになる。そして時間外労働等の時間数が多くなれば、割増金の額が増え、対象額Ａから控除される金額が大きくなる結果として歩合給(1)は0円となることもあり、この場合には、対象額Ａから交通費相当額を控除した額の全部が割増金となるというのである。」

②　割増賃金を経費とし、それを乗務員に負担させている

　「割増金が時間外労働等に対する対価として支払われるものであるとすれば、割増金の額がそのまま歩合給(1)の減額につながるという上記の仕組みは、当該揚高を得るに当たり生ずる割増賃金をその経費とみた上で、その全額をタクシー乗務員に負担させているに等しいものであって労働基準法37条の趣旨に沿うものとはいい難い。」

③　割増賃金の本質から逸脱している

　「歩合給(1)は0円となる場合には、出来高払制の賃金部分について、割増金のみが支払われることとなるところ、この場合における割増金を時間外労働等に対する対価とみるとすれば、出来高払制の賃金部分につき通常の労働時間の賃金に当たる部分はなく、全てが割増賃金であることとなるが、これは、法定の労働時間を超えた労働に対する割増分として支払われるという割増賃金の本質から逸脱したものといわざるを得ない。」

④　通常の賃金と割増賃金に当たる部分が判別できない

　　「結局、上記の仕組みは、その実質において、出来高払制の下で元来は歩合給(1)として支払うことが予定されている賃金を、時間外労働等がある場合には、その一部につき名目のみを割増金に置き換えて支払うこととするものというべきである。そうすると本件賃金規則における割増金は、その一部に時間外労働等に対する対価として支払われるものが含まれているとしても、通常の労働時間の賃金である歩合給(1)として支払われるべき部分を相当程度含んでいるものと解さざるを得ない。そして、割増金として支払われる賃金のうちどの部分が時間外労働等に対する対価に当たるかは明らかではないから、本件賃金規則の定めにつき、通常の労働時間の賃金に当たる部分と労働基準法37条に定める割増賃金に当たる部分とを判別することはできないこととなる。」

⑤　割増賃金は未払となっている

　　（判別できないということであれば）「割増金の支払により、労働基準法37条で定める割増賃金が支払われたということはできない。」

⑥　割増金は割増賃金に当たらず

　　「そうすると、本件においては、対象額Aから控除された割増金は、割増賃金に当たらず、通常の賃金に当たるものとして、労働基準法37条に定められた方法により上告人らに支払われるべき割増賃金の額を算定すべきである。」

⑦　破棄差戻

　　「支払うべき未払賃金の額等について更に審理を尽くさせるため、本件を原審に差し戻すこととする。」

※　本判決は、割増賃金相当額を控除する歩合給制度が採用された賃金体系について、割増賃金の対価性・明確性を否定し、割増賃金支払の有効性を否定したものといえます。したがって、本判例と類似の歩合給制度を採用しているタクシー事業者におかれては、対価性を念頭に置き、少なくとも割増賃金相当額それ自体を歩合給から控除することについては見直しが必要といえます。

当社は土日休みの週休2日制ですが法定休日を定めていません。土日のいずれかに労働させても法定休日労働はないと取り扱ってよいでしょうか。また、土日いずれも労働させた場合、割増賃金の対象となる法定休日はどちらになりますか。

　ご質問の前段については、週2回ある休日のうち一方の休日が確保されている限り労基法35条に抵触することはありません。

　ご質問の後段については、週の起算日が不明ですが、仮に週について特段の定めがない場合には、貴社の1週間は日曜日から土曜日までの暦週となります（Q43参照）ので、当該暦週において後順に位置する土曜日の労働が法定休日労働となります。

　なお、4週4日の休日制を採用している場合、ある休日に労働させたことによって、以後4週4日の休日が確保されなくなるときは、その日以後の労働が法定休日労働となります。

乗務員が公休出勤した場合は35％増しの賃金を支払わなければならないのでしょうか。

　公休出勤とは、一般には、乗務員が勤務交番表上の公休日（出勤日とされていない日）に勤務することをいいますが、労基法を適用するに当たっては、次の2種類があることをまず押さえておくことが必要です。

　一つ目は、労基法上の休日労働に該当する公休出勤で、1週に1日又は4週に4日与えなければならない法定休日に勤務させる場合です（以下、「法定休日労働」といいます。）。

　二つ目は、上記の1週に1日又は4週に4日の法定休日が確保された上で残りの公休日に出勤する場合です（以下、「法定外休日労働」といいます。）。

　法定休日労働を行わせる場合には、事前の36協定の締結・届出と35％増し以上の割増賃金の支払が必要です（労基法36条・37条、割増賃金令）。

　一方、法定外休日労働を行わせる場合には、これは法定休日労働には該当しませんが、1日8時間、1週40時間を超えて労働させることとなる場合には、時間外労働になりますので、事前の36協定の締結・届出と25％増し（1か月60時間超の場合は50％増し）以上の割増賃金の支払が必要です（労基法36条・37条、割増賃金令）。

乗務員が公休出勤した場合の賃金について、休日出勤時の営収に幾分高めの歩率を乗じて得た額を支払っていますが、問題ないでしょうか。

タクシー業界では、かつて乗務員が公休出勤したときはその勤務ごとに賃金を計算して支給することが行われていた名残か、通常の労働日の時間外労働や深夜労働の割増賃金とは別に計算して支給する例が多いようです。この場合、公休出勤分賃金は、当該公休出勤した日の本人の営収額に一定の歩率（通常の労働日の歩率より10％前後高い率が設定されています。）を乗じて計算されているのが一般的です。

　このような支給方法は、法所定の割増賃金の計算方法とは異なるわけですが、判例（最三判平29・2・28判時2335・90）で「労働基準法37条等に定められた方法により算定された額を下回らない額の割増賃金を支払うことを義務付けるにとどまり、これに基づいて割増賃金を支払うことを義務付けるものとは解されない。」とされていますので、支給された公休出勤の賃金が通常の賃金部分と割増賃金の部分が明確に区分され、かつ、法定の計算額を上回っていれば、問題ありません。

　なお、休日出勤時の営収によっては、法定休日の割増賃金率35％増しを下回ることもあり得ますので、就業規則の規定に当たっては法違反とならないよう「計算された賃金額が法定計算を下回る場合には法定計算額とする。」旨の規定を置くべきでしょう。

第4 その他の労基法等の定め

 乗務員の故意又は重大な過失により会社が損害を被った場合も損害賠償の請求はできないのでしょうか。

 労基法は「労働契約の不履行について違約金を定め、損害賠償額を予定する契約をしてはならない。」(労基法16条)と定めています。ここで「違約金」とは債務不履行の場合に債務者が債権者に支払うべきものとしてあらかじめ定められた金銭のことをいい、「損害賠償額の予定」とは債務不履行の場合に賠償すべき損害額を実害の如何にかかわらず定めておくことをいいます。したがって、損害額の如何にかかわらず、あらかじめ違約金・賠償額を定めるのではなく、労働者が会社に与えた実際の損害額に応じて賠償を求めることは禁止されていません。

なお、労働者が、例えば業務上横領等によって会社に損害を与えた場合、これに対して会社が就業規則違反として懲戒処分を行うことと、損害賠償を求めることとは別個の問題です。したがって、懲戒処分を行うとともに損害賠償の全部又は一部を請求することも可能です。

 減給の制裁について教えてください。

 減給の制裁とは、職場規律に違反した労働者に対する懲戒の一種として、本来ならばその労働者が受けるべき賃金の中から一定額を差し引くことをいいます。この額が大きくなり過ぎると労働者の生活を脅かすことになるため労基法では、次のとおり限度を定めています（労基法91条）。

なお、減給の制裁を適法に行うためには、あらかじめ就業規則に規定を設けておく

必要があります。

①　1回の額が当該労働者の平均賃金の1日分の半額を超えないこと

②　複数回の減給が行われる場合に、その総額が当該労働者の一賃金支払期における賃金総額の10分の1を超えないこと

　本来労働者が受けるべき賃金から差し引くのが減給の制裁ですから、遅刻、早退、欠勤に対し労働の提供がなかった時間分を差し引くのは、制裁には該当しません。ただし、例えば30分の遅刻に対しそれを上回る賃金を差し引くことは減給の制裁とみなされます（昭63・3・14基発150・婦発47）。

賞与から減給することはできますか。

　就業規則において、減給は賞与から行うことを明確にしている場合には、賞与から差し引くことは問題ありません（昭63・3・14基発150・婦発47）。

　なお、勤務評価によって賞与の額を増減することは可能であり、この場合マイナス査定されたとしても、これは減給の制裁には該当しません。

出勤停止の場合、減給の制裁との関係はどうなりますか。

　出勤停止期間中に賃金が支払われないのは、「制裁としての出勤停止の当然の結果であつて、通常の額以下の賃金を支給することを定める減給制裁に関する法第91条の規定には関係はない。」（昭23・7・3基収2177）とされています。なお、出勤停止の期間については労基法に特段の定めはありません。制裁の対象となる事犯の情状の程度等により自ずから制限があることは当然であり、かつての工場法の解釈例規で「やむを得ざる場合に於いて之を認めるも

7日を限度とする」（大15・12・13発労71）としたものがあります。ただし、これを超えたからといって直ちに問題となるわけではありません。

退職金は支払わなければなりませんか。

退職手当制度は必ず設けなければならないものではありません。現に退職金制度がない会社もあります。

　ただし、制度がある場合には、就業規則に必ず、①適用される労働者の範囲、②退職手当の決定、計算及び支払の方法、③支払の時期について規定しておく必要があります（労基法89条1項3号の2）。

未払賃金立替払制度について教えてください。

未払賃金立替払制度とは、企業が倒産（※1）したために賃金が支払われないまま退職した労働者に対して、その未払賃金の一定範囲（※2）について国（独立行政法人労働者健康安全機構へ委託）が事業主に代わって立替払いする制度です（賃確法7条、賃確則17条）。

　未払賃金立替払制度は、労働者を保護するための制度です。国が立て替えたからといって、事業主の支払義務がなくなるわけではなく、国が立替分について求償を行うことになります。また、事業主が労基法24条違反になることはいうまでもありません。

　※1　対象となる倒産…法律上の倒産（破産、特別清算、民事再生、会社更生）及び事実上の倒産（労働基準監督署長が認定）（賃確令2条）

　※2　立替金額…未払賃金の総額の80％（45歳以上296万円、30歳以上45歳未満176万円などの上限あり）（賃確令4条）

第5　最低賃金

最低賃令に満たない賃金を支給する労働契約を締結するとどうなりますか。

最低賃金に満たない労働契約は無効となります。ただし、契約全体が無効になるのではなく、最低賃金に満たない部分のみが無効となります。つまり、最低賃金と同じ額に引き上げた額を支給する労働契約を締結したものとして取り扱われます（最賃法4条2項）。

なお、最低賃金以上の賃金を支払わないと、最賃法違反（50万円以下の罰金）（最賃法40条）となります。

本社は東京都内にありますが、営業所はA県とB県にもあります。適用される最低賃金はどのようになりますか。

最低賃金は、企業単位ではなく事業場（※）単位に適用されます。したがって、本社には東京都最低賃金が、A県の営業所にはA県最低賃金が、B県の営業所にはB県最低賃金が、それぞれ適用されます。

※　「一の事業であるか否かは主として場所的観念によって決定すべきもので、同一場所にあるものは原則として分割することなく一個の事業とし、場所的に分散しているものは原則として別個の事業とすること」（昭22・9・13発基17）とされています。

乗務員の賃金が最低賃金に違反していないかどうかは、どのように比較すればよいでしょうか。

 　　　「オール歩合給制」の場合（固定給がない場合）と「固定給＋歩合給制」の場合で異なりますが、いずれの場合も比較する賃金を1時間当たりの金額（A）に換算して比較することになります（最賃則2条）。

　　　(1)　オール歩合給制の場合

A＝歩合給で支払った賃金÷月間総労働時間（所定＋時間外）

Aが東京都最低賃金（1時間1,072円）と同じか、それ以上であれば適法。

〔具体例〕

月間総労働時間200時間（うち時間外労働時間27時間、深夜労働時間70時間）

歩合給…216,000円

時間外割増賃金…7,290円（216,000円÷200時間×0.25×27時間）

深夜割増賃金…18,900円（216,000円÷200時間×0.25×70時間）

総支給額…242,190円

〔適法かどうかの計算例〕

A＝216,000円÷200時間＝1,080円（≧最低賃金1,072円）…適法

　　※　本例では時間外と深夜の割増賃金が支払われていますが、それらは除外賃金となりますので最低賃金との比較に当たっては算入されません。

(2)　固定給＋歩合給制の場合

A＝1時間当たりの固定給（B）＋1時間当たりの歩合給（C）

B＝固定給として支払った賃金÷月間所定労働時間

　　※　月により月間所定労働時間が異なる場合は、年間の平均月間所定労働時間

C＝歩合給で支払った賃金÷月間総労働時間（所定＋時間外）

A＝B＋Cが東京都最低賃金（1時間1,072円）と同じか、それ以上であれば適法。

〔具体例〕

月間総労働時間200時間

所定労働時間173時間　時間外労働時間27時間　深夜労働時間70時間

固定給…（精皆勤、通勤及び家族手当などの除外賃金を除く。）135,000円

歩合給…59,000円

固定給に対する時間外割増賃金…26,337円（135,000円÷173時間×1.25×27時間）

固定給に対する深夜割増賃金…13,657円（135,000円÷173時間×0.25×70時間）

歩合給に対する時間外割増賃金…1,992円（59,000円÷200時間×0.25×27時間）

歩合給に対する深夜割増賃金…5,163円（59,000円÷200時間×0.25×70時間）

総支給額…241,149円

〔適法かどうかの計算例〕

B＝135,000円÷173時間＝781円

C＝59,000円÷200時間＝295円

A＝B＋C＝781円＋295円＝1,076円（≧最低賃金1,072円）…適法

※ 本例では時間外と深夜の割増賃金が支払われていますが、それらは除外賃金となりますので最低賃金との比較に当たっては算入されません。

 最低賃金に違反していることがわかりました。差額はどのように計算して支払えばよいですか。

〔具体例〕

月間総労働時間200時間

（うち所定労働時間173時間　時間外労働時間27時間　深夜労働時間70時間）

固定給…（精皆勤、通勤及び家族手当などの除外賃金を除く。）124,560円

歩合給…56,000円

固定給に対する時間外割増賃金…24,300円（124,560円÷173時間×1.25×27時間）

固定給に対する深夜割増賃金…12,600円（124,560円÷173時間×0.25×70時間）

歩合給に対する時間外割増賃金…1,890円（56,000円÷200時間×0.25×27時間）

歩合給に対する深夜割増賃金…4,900円（56,000円÷200時間×0.25×70時間）

総支給額…224,250円

〔計算例〕

B＝124,560円÷173時間＝720円

C＝56,000円÷200時間＝280円

A＝B＋C＝720円＋280円＝1,000円（＜最低賃金1,072円）…違反

　　　ご質問で示された具体例の場合には、賃金が時間単価で72円、最低賃金を下回っていることになります。また、最低賃金との差額を支払うだけでなく、割増賃金にも不払いが生じますので、その差額も支払う必要があります。

　そこで、時間単価不足分の72円を固定給と歩合給のどちらにいくら上乗せすべきかという問題になりますが、これはかなり面倒な検討が必要となります。今知りたいのは最低賃金法違反にならないために最低いくら追加支給すればよいかということですから、簡単な計算式があれば便利です。

　固定給と歩合給のそれぞれの単価の和を1,072円としなければならないという条件が与えられていますので、仮に固定給の単価を「W」とすると歩合給の単価は「1,072－W」で表すことができます。月間総労働時間200時間、月間所定労働時間173時間、時間外労働時間27時間、深夜労働時間70時間となっていますので、支給すべき総額は、

　固定給＝W×173時間＝173W

　歩合給＝（1,072－W）×200時間＝214,400－200W

　固定給時間外割増＝W×1.25×27時間＝33.75W

　固定給深夜割増＝W×0.25×70時間＝17.5W

　歩合給時間外割増＝（1,072－W）×0.25×27時間＝7,236－6.75W

　歩合給深夜割増＝（1,072－W）×0.25×70時間＝18,760－17.5W

以上の和は、

　173W＋214,400－200W＋33.75W＋17.5W＋7,236－6.75W＋18,760－17.5W

　＝214,400＋7,236＋18,760＋W（173－200＋33.75＋17.5－6.75－17.5）

　＝214,400＋7,236＋18,760＋W×0

　＝240,396円

　したがって、W（固定給の単価）の値いかんにかかわらず、支払うべき賃金総額は240,396円で一定となります。なお、差額は、

　240,396－224,250＝16,146円

となり、16,146円の追加支給が必要となります。

　以上から、追加支給の計算に当たっては、乗務員の賃金を全て歩合給とみなして計

算する（①の例）又は全て固定給とみなして計算する（②の例）ことにより同じ結果
が簡単に得られることになります。

①の例

　　月間総労働時間が200時間なので、

　　　1,072円×200時間＝214,400円

　　時間外労働時間が27時間なので、

　　　1,072円×0.25×27時間＝7,236円

　　深夜労働時間が70時間なので、

　　　1,072円×0.25×70時間＝18,760円

　　支給すべき総額は、214,400＋7,236＋18,760＝240,396円

②の例

　　月間所定労働時間が173時間なので、

　　　1,072円×173時間＝185,456円

　　時間外労働時間が27時間なので、

　　　1,072円×1.25×27時間＝36,180円

　　深夜労働時間が70時間なので、

　　　1,072円×0.25×70時間＝18,760円

　　支給すべき総額は、185,456＋36,180＋18,760＝240,396円

最低賃金との比較の際の「除外賃金」とは何を指しますか。

A　　賃金が最低賃金違反となっていないかどうかを比較する際には、支払っている全ての賃金で比較するのではなく、一定の範囲の賃金は対象から除いて比較することになっています。この一定の範囲の賃金を「除外賃金」といい、以下のとおりです（最賃法4条3項、最賃則1条）。

①　臨時に支払われる賃金（結婚手当など）

②　1か月を超える期間ごとに支払われる賃金（賞与など）

③　所定労働時間を超える時間の労働に対して支払われる賃金(時間外割増賃金など)

④　所定労働日以外の日の労働に対して支払われる賃金（休日割増賃金など）

⑤　午後10時から午前5時までの間の労働に対して支払われる賃金のうち、通常の労働時間の賃金の計算額を超える部分（深夜割増賃金など）

⑥　精皆勤手当(※)、通勤手当、家族手当（Q155参照）

※　「精皆勤手当」とは、労働者の出勤奨励を目的として無遅刻・無欠勤など一定の基準を満たした場合に支給される手当です。この実態にある精皆勤手当（皆勤手当・精勤手当等の名称でも同じ。）であれば除外賃金に該当します。ただし、精皆勤手当のうち欠勤しても減額されない部分がある場合には、その部分は除外賃金ではありません。

Q179　営収が上がらず乗務員の歩合給が著しく低くなった場合にはどのように対応したらよいのでしょうか。

A　歩合給など出来高払制の賃金制度では、何らかの理由で出来高が上がらず、出来高に連動した歩合給が著しく低くなることがあります。このような事態が生じた場合の労働者の最低生活を保障する仕組みとして保障給と最低賃金の二つの制度が用意されています。保障給についてはQ137を、最低賃金についてはQ176及びQ177を参照してください。

　ご質問のケースでは、乗務員に支払う賃金は保障給及び最低賃金額のいずれも下回ることができませんので、双方により算出した額のいずれか高い方と所定の計算による賃金額との差額を支給する必要があります。

第7章　同一労働同一賃金

　「同一労働同一賃金」のルールが施行されたと聞きましたが、その概要を教えてください。

A　平成30年6月の働き方改革関連法の成立に伴い、従来の「短時間労働者の雇用管理の改善等に関する法律」（パートタイム労働法）が改正され、「短時間労働者及び有期雇用労働者の雇用管理の改善等に関する法律」（パート有期法）となり、対象に有期雇用労働者が追加されるとともに規定が整備されました。

　この法律は、我が国社会において短時間・有期雇用労働者の果たす役割の重要性が増大する中、その仕事ぶりや能力が適正に評価され、意欲を持って働くことを通じ、その有する能力を最大限に発揮することができるよう、正社員との間の不合理な待遇差の解消を目指すものです。なお、「同一労働同一賃金」と略称されることがありますが、解消すべき不合理な待遇差には賃金以外にも、福利厚生施設、病気休職、法定外の休暇、教育訓練、安全管理などに関するものが含まれますので留意してください。

　同法は、大企業については令和2年4月1日から、中小企業は令和3年4月1日から、それぞれ施行されています（働き方改革関連法附則1条・11条）。

（1）　不合理な待遇の禁止（均衡待遇）

　パート有期法は、その8条において、「事業主は、その雇用する短時間・有期雇用労働者の基本給、賞与その他の待遇のそれぞれについて、当該待遇に対応する通常の労働者の待遇との間において、当該短時間・有期雇用労働者及び通常の労働者の業務の内容及び当該業務に伴う責任の程度（以下「職務の内容」という。）、当該職務の内容及び配置の変更の範囲その他の事情のうち、当該待遇の性質及び当該待遇を行う目的に照らして適切と認められるものを考慮して、不合理と認められる相違を設けてはならない。」と定めています。これは「不合理な待遇の禁止」と呼ばれる規定で、パート有期法施行前は、労契法20条に同趣旨の規定（※）があったものです。

※　旧労契法20条

　　　有期労働契約を締結している労働者の労働契約の内容である労働条件が、期間の定めがあることにより同一の使用者と期間の定めのない労働契約を締結している労働者の労働契約の内容である労働条件と相違する場合においては、当該労働条件の相違は、労働者の業務の内容及び当該業務に伴う責任の程度（以下この条において「職務の内容」という。）、当該職務の内容及び配置の変更の範囲その他の事情を考慮して、不合理と認められるものであってはならない。

　なお、パート有期法8条は、自社内の正社員と短時間・有期雇用労働者との間のみに適用され、正社員同士の待遇差や短時間・有期雇用労働者同士の待遇差には適用されません。

　また、パート有期法の施行に併せ、「短時間・有期雇用労働者及び派遣労働者に対する不合理な待遇の禁止等に関する指針」（平30・12・28厚労告430）（同一労働同一賃金ガイドライン）が策定されています。このガイドラインでは不合理な待遇に当たるか否かに関する具体例と詳細な解説がなされていますので参考にしてください。

　(2)　差別的取扱いの禁止（均等待遇）

　パート有期法9条において、「事業主は、職務の内容が通常の労働者と同一の短時間・有期雇用労働者…であって、当該事業所における慣行その他の事情からみて、当該事業主との雇用関係が終了するまでの全期間において、その職務の内容及び配置が当該通常の労働者の職務の内容及び配置の変更の範囲と同一の範囲で変更されることが見込まれるもの…については、短時間・有期雇用労働者であることを理由として、基本給、賞与その他の待遇のそれぞれについて、差別的取扱いをしてはならない。」と定められています。これは「通常の労働者と同視すべき短時間・有期雇用労働者に対する差別的取扱いの禁止」と呼ばれる規定です。

　(3)　説明義務

　短時間・有期雇用労働者が事業主に対し、通常の労働者との待遇差について理由等の説明を求めたときは、これに応じなければなりません（パート有期法14条2項）。また、この説明を求めた労働者に対して、解雇その他不利益な取扱いをしてはなりません（同法14条3項）。

　(4)　パート有期法の性格

　上記(1)及び(2)に反した場合に労基法のような刑事罰は定められていません。都道

府県労働局長による助言・指導・勧告、紛争解決の援助又は調停の委任の対象になる（パート有期法24条・25条）ほか、最終的には民事で争うこととなります。

短時間・有期雇用管理者について教えてください。

令和2年4月1日（中小企業は令和3年4月1日）に施行されたパート有期法17条では、短時間・有期雇用労働者を常時10人（パート有期則6条）以上雇用する事業所は、指針（※）に定める事項その他の雇用管理の改善等に関する事項を管理する「短時間・有期雇用管理者」を選任するように努めなければならないと規定しています。

　※　事業主が講ずべき短時間労働者及び有期雇用労働者の雇用管理の改善等に関する措置等についての指針（平19・10・1厚労告326）

　短時間・有期雇用管理者には、事業所の人事労務管理について権限を有する者を選任することが求められます。また、短時間・有期雇用管理者に期待される業務は以下のようなものです。

① 　短時間・有期雇用労働者の雇用管理の改善等に関して、事業主の指示に従い必要な措置を検討し、実施すること

② 　労働条件等に関して、短時間・有期雇用労働者の相談に応じること

「同一労働同一賃金」のルールに対応するため必要な基本的事項は何ですか。

大きく分けて次の三つのことを行う必要があります。特に③については、必要経費の精査や労使交渉など相当の時間を要しますので、できるだけ早めの対応が必要です。

① 　正規・非正規の労働者の職務内容をチェックすること

② 待遇差がある場合に合理的な説明ができるかどうか検討し、整理しておくこと

③ 合理的な待遇差を説明できない場合には、賃金体系等制度そのものの見直しを行うこと

　正社員には賞与を支給していますが、非正規社員には支給していません。これは問題になりますか。

A 　賞与について同一労働同一賃金ガイドライン第3・2は、「賞与であって、会社の業績等への労働者の貢献に応じて支給するものについて、通常の労働者と同一の貢献である短時間・有期雇用労働者には、貢献に応じた部分につき、通常の労働者と同一の賞与を支給しなければならない。また、貢献に一定の相違がある場合においては、その相違に応じた賞与を支給しなければならない。」としています。また、次の例が示されています。

「（問題とならない例）

イ　賞与について、会社の業績等への労働者の貢献に応じて支給しているＡ社において、通常の労働者であるＸと同一の会社の業績等への貢献がある有期雇用労働者であるＹに対し、Ｘと同一の賞与を支給している。

ロ　Ａ社においては、通常の労働者であるＸは、生産効率及び品質の目標値に対する責任を負っており、当該目標値を達成していない場合、待遇上の不利益を課されている。その一方で、通常の労働者であるＹや、有期雇用労働者であるＺは、生産効率及び品質の目標値に対する責任を負っておらず、当該目標値を達成していない場合にも、待遇上の不利益を課されていない。Ａ社は、Ｘに対しては、賞与を支給しているが、ＹやＺに対しては、待遇上の不利益を課していないこととの見合いの範囲内で、賞与を支給していない。

（問題となる例）

イ　賞与について、会社の業績等への労働者の貢献に応じて支給しているＡ社において、通常の労働者であるＸと同一の会社の業績等への貢献がある有期雇用労働者であるＹに対し、Ｘと同一の賞与を支給していない。

ロ　賞与について、会社の業績等への労働者の貢献に応じて支給しているＡ社においては、通常の労働者には職務の内容や会社の業績等への貢献等にかかわらず全員に何らかの賞与を支給しているが、短時間・有期雇用労働者には支給していない。」

　以上のガイドラインを踏まえると、ガイドラインの前提である「賞与＝会社の業績等への労働者の貢献に応じて支給するもの」と同様の位置付けをしている事業所において、非正規労働者に賞与を全く支給しないということは問題となるリスクが大きいといえます。

　ただし、賞与については業績等への貢献だけを基準にして支給している会社はむしろ稀ではないでしょうか。長澤運輸事件（最二判平30・6・1判時2389・107）では、「賞与は労務の対価の後払い、功労報償、生活費の補助、労働者の意欲向上等といった多様な趣旨を含み得るものである。嘱託乗務員は、定年退職に当たり退職金の支給を受けるほか、老齢厚生年金の報酬比例部分の支給が開始されるまでの間は会社から調整給の支給を受けることも予定されている。また、嘱託乗務員の年収は定年退職前の79％程度となることが想定されるものであり、嘱託乗務員の賃金体系は、収入の安定に配慮しながら、労務の成果が賃金に反映されやすくなるように工夫した内容になっている。」として、これらの事情を総合考慮すれば、嘱託乗務員に賞与が支給されないという労働条件の相違は不合理とは認められないとしました。

　したがって、個別の事情を踏まえ、合理的に説明できるようであれば、必ずしも全て否定されるものではありません（Ｑ190及びＱ191参照）。

　正社員には実費に応じた通勤手当を支給していますが、非正規社員には上限を設けているため、持ち出しになる者もかなりいます。これは問題になりますか。

A　通勤手当について同一労働同一賃金ガイドライン第3・3(7)は、「短時間・有期雇用労働者にも、通常の労働者と同一の通勤手当及び出張旅費を支給しなければならない。」としています。また、ガイドラインには次の例が示されています。

「（問題とならない例）

イ　A社においては、本社の採用である労働者に対しては、交通費実費の全額に相当する通勤手当を支給しているが、それぞれの店舗の採用である労働者に対しては、当該店舗の近隣から通うことができる交通費に相当する額に通勤手当の上限を設定して当該上限の額の範囲内で通勤手当を支給しているところ、店舗採用の短時間労働者であるXが、その後、本人の都合で通勤手当の上限の額では通うことができないところへ転居してなお通い続けている場合には、当該上限の額の範囲内で通勤手当を支給している。

ロ　A社においては、通勤手当について、所定労働日数が多い（例えば、週4日以上）通常の労働者及び短時間・有期雇用労働者には、月額の定期券の金額に相当する額を支給しているが、所定労働日数が少ない（例えば、週3日以下）又は出勤日数が変動する短時間・有期雇用労働者には、日額の交通費に相当する額を支給している。」

　したがって、上記「問題とならない例」のような特段の事情が認められない場合には、正社員と同一に扱う必要があります。

　正社員と非正規社員の時間外労働等の割増率に差をつけていますが、問題ないでしょうか。

　時間外労働等に対して支給される手当について同一労働同一賃金ガイドラインは、「通常の労働者の所定労働時間を超えて、通常の労働者と同一の時間外労働を行った短時間・有期雇用労働者には、通常の労働者の所定労働時間を超えた時間につき、通常の労働者と同一の割増率等で、時間外労働に対して支給される手当を支給しなければならない。」としています（同一労働同一賃金ガイドライン第3・3(5)）。

　また、「通常の労働者と同一の深夜労働又は休日労働を行った短時間・有期雇用労働者には、通常の労働者と同一の割増率等で、深夜労働又は休日労働に対して支給される手当を支給しなければならない。」としています（同一労働同一賃金ガイドライン第3・3(6)）。また、ガイドラインには次の例が示されています。

「（問題とならない例）

　A社においては、通常の労働者であるXと時間数及び職務の内容が同一の深夜労働又は休日労働を行った短時間労働者であるYに、同一の深夜労働又は休日労働に対して支給される手当を支給している。

（問題となる例）

　A社においては、通常の労働者であるXと時間数及び職務の内容が同一の深夜労働又は休日労働を行った短時間労働者であるYに、深夜労働又は休日労働以外の労働時間が短いことから、深夜労働又は休日労働に対して支給される手当の単価を通常の労働者より低く設定している。」

　したがって、割増率等（計算基礎に算入すべき賃金を含みます。）については、正社員と同一に扱う必要があります。

病気休職の対象は正社員に限っていますが、問題ないでしょうか。

　病気休職について同一労働同一賃金ガイドライン第3・4(4)は、「短時間労働者（有期雇用労働者である場合を除く。）には、通常の労働者と同一の病気休職の取得を認めなければならない。また、有期雇用労働者にも、労働契約が終了するまでの期間を踏まえて、病気休職の取得を認めなければならない。」としています。また、有期雇用労働者について、次の例を示しています。

「（問題とならない例）

　A社においては、労働契約の期間が1年である有期雇用労働者であるXについて、病気休職の期間は労働契約の期間が終了する日までとしている。」

　ただし、一口に「病気休職」といっても、各事業所における制度設計は、対象労働者、要件、休職期間、有給無給、期間満了時の扱いなど、様々となっています。

　また、大阪医科薬科大学事件（Q191参照）では、私傷病による欠勤中の賃金について、アルバイト職員は正職員との間に職務内容に一定の相違があり、長期雇用を前提

にしていないことから格差の不合理性を否定し、逆に日本郵便事件（Q192参照）は相応に継続的な勤務が見込まれること等から格差の不合理性を肯定しています。

　以上から、自社の病気休職制度の内容と実際の正規・非正規労働者間の職務内容の相違等を踏まえ、個別に判断する必要があります。

　　　法定外の休暇制度は正社員にしか適用していませんが、問題ないでしょうか。

A　　法定外の休暇について同一労働同一賃金ガイドライン第3・4(5)は、「法定外の有給の休暇その他の法定外の休暇（慶弔休暇（※）を除く。）であって、勤続期間に応じて取得を認めているものについて、通常の労働者と同一の勤続期間である短時間・有期雇用労働者には、通常の労働者と同一の法定外の有給の休暇その他の法定外の休暇（慶弔休暇を除く。）を付与しなければならない。なお、期間の定めのある労働契約を更新している場合には、当初の労働契約の開始時から通算して勤続期間を評価することを要する。」としていますので、留意してください。また、同ガイドラインでは次の例を示しています。

「（問題とならない例）

　A社においては、長期勤続者を対象とするリフレッシュ休暇について、業務に従事した時間全体を通じた貢献に対する報償という趣旨で付与していることから、通常の労働者であるXに対しては、勤続10年で3日、20年で5日、30年で7日の休暇を付与しており、短時間労働者であるYに対しては、所定労働時間に比例した日数を付与している。」

　※　慶弔休暇について同一労働同一賃金ガイドライン第3・4(3)は、「通常の労働者と同一の慶弔休暇の付与…を行わなければならない。」としています。

教育訓練は正社員に限って行っていますが、問題ないでしょうか。

　　教育訓練について同一労働同一賃金ガイドライン第3・5(1)は、「教育訓練であって、現在の職務の遂行に必要な技能又は知識を習得するために実施するものについて、通常の労働者と職務の内容が同一である短時間・有期雇用労働者には、通常の労働者と同一の教育訓練を実施しなければならない。また、職務の内容に一定の相違がある場合においては、その相違に応じた教育訓練を実施しなければならない。」としています。

　したがって、教育訓練について短時間・有期雇用労働者を全く対象にしないのは問題があります。

安全管理は正社員向けにしか行っていませんが、問題ないでしょうか。

　　安全管理について、同一労働同一賃金ガイドライン第3・5(2)は、「通常の労働者と同一の業務環境に置かれている短時間・有期雇用労働者には、通常の労働者と同一の安全管理に関する措置及び給付をしなければならない。」としています。事業者は非正規社員を含む労働者全員に対して安全配慮義務を負っており、ガイドラインは、さらに条件付きながら「同一の安全管理」を求めていますので、適切に対応してください。

賃金の減額や各種手当の有無などについて最高裁判例が出ている
ようですが、概要を教えてください。

 　　正社員と非正規社員の待遇差については、次の二つの最高裁判例が出
ていますので、参考にしてください。

(1)　長澤運輸事件（最二判平30・6・1判時2389・107）

　　事案は、定年後有期で再雇用されたトラック運転者（職務内容は定年
前と同じです。）が、正社員運転者との間にある賃金項目に関する労働条件の相違が旧
労契法20条（Q180参照）に違反し不合理であるとして差額等の支払を求めたものです。
（判　旨）

「事業主は、高年齢者雇用安定法により、60歳を超えた高年齢者の雇用確保措置を義
務付けられており、定年退職した高年齢者の継続雇用に伴う賃金コストの無制限な増
大を回避する必要があること等を考慮すると、定年退職後の継続雇用における賃金を
定年退職時より引き下げること自体が不合理であるとはいえない。また、定年退職後
の継続雇用において職務内容やその変更の範囲等が変わらないまま相当程度賃金を引
き下げることは広く行われており、…賃金が定年退職前より2割前後減額されたこと
をもって直ちに不合理であるとはいえず、…労働契約法20条に違反するということは
できない。

　有期契約労働者と無期契約労働者との個々の賃金項目に係る労働条件の相違が不合
理と認められるものであるか否かを判断するに当たっては、両者の賃金の総額を比較
することのみによるのではなく、当該賃金項目の趣旨を個別に考慮すべきものと解す
るのが相当である。

　嘱託乗務員は定年退職後に再雇用された者であり、一定の要件を満たせば老齢厚生
年金の支給を受けることができる上、組合との団体交渉を経て、老齢厚生年金の報酬
比例部分の支給が開始されるまでの間、嘱託乗務員に対して2万円の調整給を支給す
ることとしている。

　これらの事情を総合考慮すると、…嘱託乗務員に対して能率給及び職務給を支給せ
ずに歩合給を支給すること、…住宅手当、…家族手当、…役付手当…（及び）賞与…
を支給しないことについては労働契約法20条にいう不合理と認められるものに当た

るということはできない。（中略）

これに対し、嘱託乗務員と正社員との<u>精勤手当及び超勤手当</u>（嘱託乗務員の時間外手当の算定基礎に精勤手当が含まれていないこと）に係る労働条件の相違は、<u>労働契約法20条にいう不合理と認められるものに当たる</u>。」

(2)　ハマキョウレックス事件（最二判平30・6・1判時2390・96）

事案は、有期労働契約を締結し配送業務に従事しているトラック運転者が、仕事の内容が同じである正社員トラック運転者に支給されている各種手当が支給されないのは不合理であるとして、その支払を求めたものです。

<u>最高裁</u>は、各手当の趣旨を個別に認定し、皆勤手当、無事故手当、作業手当、給食手当及び通勤手当については、<u>旧労契法20条に違反した不合理な待遇差</u>としました。ただし、<u>住宅手当</u>については、正社員のみ転居を伴う配転が予定されており、住宅に要する費用が多額となり得るため、<u>不合理性は認められない</u>としました。

賞与、退職金等の不支給に関する最高裁判例の概要を教えてください。

A
正社員と非正規社員の賞与・退職金等に関する待遇差については、次の二つの最高裁判例がありますので、参考にしてください。

(1)　大阪医科薬科大学（旧大阪医科大学）事件（最三判令2・10・13裁時1753・4）

本件は、旧大阪医科大学と有期労働契約を締結したアルバイト職員Ｘが正職員との間における、①賞与及び②私傷病による欠勤中の賃金等の待遇差（①②とも不支給）が、旧労契法20条（Ｑ180参照）に違反するかどうかが争われたものです。

（判　旨）

「(1)　賞与について

労働契約法20条は、…有期労働契約を締結した労働者の公正な処遇を図るため、その労働条件につき、期間の定めがあることにより不合理なものとすることを禁止したものであり、両者の間の労働条件の相違が賞与の支給に係るものであったとしても、それが同条にいう不合理と認められるものに当たる場合はあり得るものと考えられ

る。もっとも、その判断に当たっては…当該使用者における賞与の性質やこれを支給することとされた目的を踏まえて同条所定の諸事情を考慮することにより、当該労働条件の相違が不合理と評価することができるものであるか否かを検討すべきものである。（中略）

　Xの業務は、その具体的な内容や、Xが欠勤した後の人員の配置に関する事情からすると、相当に軽易であることがうかがわれるのに対し、教室事務員である正職員は、これに加えて、学内の英文学術誌の編集事務等、病理解剖に関する遺族等への対応や部門間の連携を要する業務又は毒劇物等の試薬の管理業務等にも従事する必要があったのであり、両者の職務の内容に一定の相違があったことは否定できない。（中略）

　また、アルバイト職員については、契約職員及び正職員へ段階的に職種を変更するための試験による登用制度が設けられていたものである。（中略）

　正職員に対する賞与の性質やこれを支給する目的を踏まえて、教室事務員である正職員とアルバイト職員の職務の内容等を考慮すれば、正職員に対する賞与の支給額がおおむね通年で基本給の4.6か月分であり、そこに労務の対価の後払いや一律の功労報償の趣旨が含まれることや、正職員に準ずるものとされる契約職員に対して正職員の約80％に相当する賞与が支給されていたこと、アルバイト職員であるXに対する年間の支給額が平成25年4月に新規採用された正職員の基本給及び賞与の合計額と比較して55％程度の水準にとどまることをしんしゃくしても、教室事務員である正職員とXとの間に賞与に係る労働条件の相違があることは、不合理であるとまで評価することができるものとはいえない。

　以上によれば、本件大学の教室事務員である正職員に対して賞与を支給する一方で、アルバイト職員であるXに対してこれを支給しないという労働条件の相違は、労働契約法20条にいう不合理と認められるものに当たらないと解するのが相当である。

(2)　私傷病による欠勤中の賃金について

　前記のとおり、…正職員とアルバイト職員との間には職務の内容及び変更の範囲に一定の相違があったことは否定できない。…このような職務の内容等に係る事情に加えて、アルバイト職員は、契約期間を1年以内とし、更新される場合はあるものの、長期雇用を前提とした勤務を予定しているものとはいい難いことにも照らせば、アルバイト職員は、…雇用を維持し確保することを前提とする制度の趣旨が直ちに妥当するものとはいえない。

したがって、教室事務員である正職員とXとの間に私傷病による欠勤中の賃金に係る労働条件の相違（Xには支給されない）があることは、不合理であると評価することができるものとはいえない。」

（2）　メトロコマース事件（最三判令2・10・13民集74・7・1901）

本件は、東京メトロ子会社の「メトロコマース」と契約社員Bとして有期労働契約を締結し、約10年間、駅売店で勤務したXらに対し退職金が支給されないことが旧労契法20条に違反するかどうかが争われたものです。

（判　旨）

「労働契約法20条は、…有期契約労働者の公正な処遇を図るため、その労働条件につき、期間の定めがあることにより不合理なものとすることを禁止したものであり、両者の間の労働条件の相違が退職金の支給に係るものであったとしても、それが同条にいう不合理と認められるものに当たる場合はあり得るものと考えられる。もっとも、その判断に当たっては…当該使用者における退職金の性質やこれを支給することとされた目的を踏まえて同条所定の諸事情を考慮することにより、当該労働条件の相違が不合理と評価することができるものであるか否かを検討すべきものである。

退職金は、本給に勤続年数に応じた支給月数を乗じた金額を支給するものとされているところ、その支給対象となる正社員は、本社の各部署や事業本部が所管する事業所等に配置され、業務の必要により配置転換等を命ぜられることもあり、また、退職金の算定基礎となる本給は、年齢によって定められる部分と職務遂行能力に応じた資格及び号俸により定められる職能給の性質を有する部分から成るものとされていたものである。

このような退職金の支給要件や支給内容等に照らせば、退職金は、職務遂行能力や責任の程度等を踏まえた労務の対価の後払いや継続的な勤務等に対する功労報償等の複合的な性質を有するものであり、正社員としての職務を遂行し得る人材の確保やその定着を図るなどの目的から、様々な部署等で継続的に就労することが期待される正社員に対し退職金を支給することとしたものといえる。

そうすると、正社員に対する退職金が有する複合的な性質やこれを支給する目的を踏まえて、売店業務に従事する正社員と契約社員Bの職務の内容等を考慮すれば、契約社員Bの有期労働契約が原則として更新するものとされ、定年が65歳と定められるなど、必ずしも短期雇用を前提としていたものとはいえず、Xらがいずれも10年前後

の勤続期間を有していることをしんしゃくしても、両者の間に退職金の支給の有無に係る労働条件の相違があることは、不合理であるとまで評価することができるものとはいえない。

（林景一裁判官の補足意見）

　退職金は、その支給の有無や支給方法等につき、労使交渉等を踏まえて、賃金体系全体を見据えた制度設計がされるのが通例であると考えられるところ、退職金制度を持続的に運用していくためには、その原資を長期間にわたって積み立てるなどして用意する必要があるから、退職金制度の在り方は、社会経済情勢や使用者の経営状況の動向等にも左右されるものといえる。そうすると、退職金制度の構築に関し、これら諸般の事情を踏まえて行われる使用者の裁量判断を尊重する余地は、比較的大きいものと解されよう。

（宇賀克也裁判官の反対意見）

　…正社員よりも契約社員Bの方が長期間にわたり勤務することもある。正社員に対する退職金は、継続的な勤務等に対する功労報償という性質を含むものであり、このような性質は、契約社員Bにも当てはまるものである。（中略）

　以上のとおり、正社員に対する退職金の性質の一部は契約社員Bにも当てはまり、売店業務に従事する正社員と契約社員Bの職務の内容や変更の範囲に大きな相違はないことからすれば、両者の間に退職金の支給の有無に係る労働条件の相違があることは、不合理であると評価することができるものといえる。」

日本郵便（株）の各種手当の不支給などに関する最高裁判例の概要を教えてください。

　日本郵便（株）の契約社員14人が、東京、大阪及び佐賀の各地裁で訴えを提起し、高裁、最高裁と進んだものです。最高裁（最一判令2・10・15）は三つの事件の中で、①年末年始勤務手当、②年始期間における祝日給、③扶養手当、④夏期冬期休暇及び⑤有給の病気休暇（いずれも契約社員は対象とされていませんでした。）の各取扱いについて、旧労契法20条（Q180参照）

に違反するかどうかの判断を示しました。

（判　旨）

（1）　年末年始勤務手当（最一判令2・10・15裁時1754・5）

「年末年始勤務手当は、…最繁忙期であり、多くの労働者が休日として過ごしている…期間において、同業務に従事したことに対し、その勤務の特殊性から基本給に加えて支給される対価としての性質を有するものであるといえる。また、業務の内容やその難度等にかかわらず、所定の期間において実際に勤務したこと自体を支給要件とするものであり、その支給金額も、実際に勤務した時期と時間に応じて一律である。

　…これを支給することとした趣旨は、本件契約社員にも妥当するものである。そうすると、郵便の業務を担当する正社員と本件契約社員との間に労働契約法20条所定の職務の内容や当該職務の内容及び配置の変更の範囲その他の事情につき相応の相違があること等を考慮しても、両者の間に年末年始勤務手当に係る労働条件の相違があることは、不合理であると評価することができるものといえる。

　したがって、郵便の業務を担当する正社員に対して年末年始勤務手当を支給する一方で、本件契約社員に対してこれを支給しないという労働条件の相違は、労働契約法20条にいう不合理と認められるものに当たると解するのが相当である。」

（2）　年始期間の勤務に対する祝日給（最一判令2・10・15裁時1754・5）

「年始期間の勤務に対する祝日給は、特別休暇が与えられることとされているにもかかわらず最繁忙期であるために年始期間に勤務したことについて、その代償として、通常の勤務に対する賃金に所定の割増しをしたものを支給することとされたものと解され、…祝日給を支給する趣旨は、本件契約社員にも妥当するというべきである。

　郵便の業務を担当する正社員と本件契約社員との間に労働契約法20条所定の職務の内容や当該職務の内容及び配置の変更の範囲その他の事情につき相応の相違があること等を考慮しても、上記祝日給を正社員に支給する一方で本件契約社員にはこれに対応する祝日割増賃金を支給しないという労働条件の相違があることは、不合理であると評価することができるものといえる。」

（3）　扶養手当（最一判令2・10・15裁時1754・5）

「正社員に対して扶養手当が支給されているのは、…正社員が長期にわたり継続して勤務することが期待されることから、その生活保障や福利厚生を図り、扶養親族のある者の生活設計等を容易にさせることを通じて、その継続的な雇用を確保するという

目的によるものと考えられる。（中略）

　本件契約社員は、契約期間が6か月以内又は1年以内とされており、…有期労働契約の更新を繰り返して勤務する者が存するなど、相応に継続的な勤務が見込まれているといえる。そうすると、…正社員と本件契約社員との間に労働契約法20条所定の職務の内容や当該職務の内容及び配置の変更の範囲その他の事情につき相応の相違があること等を考慮しても、両者の間に扶養手当に係る労働条件の相違かあることは、不合理であると評価することができるものというべきである。」

　(4)　夏期冬期休暇（最一判令2・10・15裁時1754・1）

「正社員に対して夏期冬期休暇が与えられているのは、年次有給休暇や病気休暇等とは別に、労働から離れる機会を与えることにより、心身の回復を図るという目的によるものであると解され、夏期冬期休暇の取得の可否や取得し得る日数は上記正社員の勤続期間の長さに応じて定まるものとはされていない。

　そして、郵便の業務を担当する時給制契約社員は、契約期間が6か月以内とされるなど、繁忙期に限定された短期間の勤務ではなく、業務の繁閑に関わらない勤務が見込まれているのであって、夏期冬期休暇を与える趣旨は、上記時給制契約社員にも妥当するというべきである。

　そうすると、…郵便の業務を担当する正社員と同業務を担当する時給制契約社員との間に労働契約法20条所定の職務の内容や当該職務の内容及び配置の変更の範囲その他の事情につき相応の相違があること等を考慮しても、両者の間に夏期冬期休暇に係る労働条件の相違があることは、不合理であると評価することができるものといえる。」

　(5)　有給の病気休暇（最一判令2・10・15裁時1754・2）

「私傷病により勤務することができなくなった…正社員に対して有給の病気休暇が与えられているのは、…正社員が長期にわたり継続して勤務することが期待されることから、その生活保障を図り、私傷病の療養に専念させることを通じて、その継続的な雇用を確保するという目的によるものと考えられる。

　…上記目的に照らせば、…時給制契約社員は、契約期間が6か月以内とされており、…有期労働契約の更新を繰り返して勤務する者が存するなど、相応に継続的な勤務が見込まれているといえる。そうすると、…正社員と、…時給制契約社員との間に労働契約法20条所定の職務の内容や当該職務の内容及び配置の変更の範囲その他の事情に

つき相応の相違があること等を考慮しても、<u>私傷病による病気休暇の日数につき相違</u><u>を設けることはともかく、これを有給とするか無給とするかにつき労働条件の相違が</u><u>あることは、不合理であると評価することができるものといえる。</u>」

日本郵便（非正規格差）事件

正社員	格　差	地　裁	高　裁	最高裁
① 年末年始勤務手当（4〜5千円）	契約社員にはなし	［東京］×（損害は8割相当額） ［大阪］× ［佐賀］損害発生の立証なし	［東京］×（全額相当額） ［大阪］×（5年超勤務者） ［佐賀］―	［東京］× ［大阪］×［差戻し］ ［佐賀］―
② 年始期間の勤務に対する祝日給	契約社員にはなし	［東京］○ ［大阪］○ ［佐賀］○	［東京］○（確定） ［大阪］×（5年超勤務者） ［佐賀］○（確定）	［東京］― ［大阪］×（年始期間の祝日割増分）［差戻し］ ［佐賀］―
③ 扶養手当	契約社員にはなし	［東京］― ［大阪］× ［佐賀］―	［東京］― ［大阪］○ ［佐賀］―	［東京］― ［大阪］×［差戻し］ ［佐賀］―
④ 夏期冬期休暇（各3日）	契約社員にはなし	［東京］×（損害は休暇日数分） ［大阪］契約上の地位確認を否定 ［佐賀］○	［東京］×（損害発生を否定） ［大阪］×（5年超勤務者） ［佐賀］×（損害は休暇日数分）	［東京］×（損害は休暇日数分）［差戻し］ ［大阪］× ［佐賀］×（損害は休暇日数分）
⑤ 病気休暇（有給90日まで）	契約社員は無給で年間10日まで	［東京］× ［大阪］契約上の地位確認を否定 ［佐賀］―	［東京］× ［大阪］×（5年超勤務者）（確定） ［佐賀］―	［東京］× ［大阪］― ［佐賀］―

⑥　基本賃金（月給制）・通勤費（定額）	契約社員は時給制・通勤費（日数分）	［東京］— ［大阪］— ［佐賀］○	［東京］— ［大阪］— ［佐賀］○（確定）	［東京］— ［大阪］— ［佐賀］—
⑦　外務業務手当	契約社員には別途外務加算あり	［東京］○ ［大阪］○ ［佐賀］○	［東京］○（確定） ［大阪］○（確定） ［佐賀］○（確定）	［東京］○ ［大阪］○ ［佐賀］—
⑧　早出勤務手当	契約社員には別途早朝夜間割増あり	［東京］○ ［大阪］○ ［佐賀］○	［東京］○（確定） ［大阪］○（確定） ［佐賀］○（確定）	［東京］○ ［大阪］○ ［佐賀］—
⑨　夏期年末手当	契約社員には正社員の3分の1の臨時手当あり	［東京］○ ［大阪］○ ［佐賀］○	［東京］○（確定） ［大阪］○（確定） ［佐賀］○（確定）	［東京］○ ［大阪］○ ［佐賀］—
⑩　住居手当	契約社員にはなし	［東京］×（損害は6割相当額） ［大阪］× ［佐賀］—	［東京］×（確定） ［大阪］×（確定） ［佐賀］—	［東京］— ［大阪］— ［佐賀］—
⑪　早朝夜間勤務手当	契約社員には別途割増あり	［東京］○ ［大阪］— ［佐賀］損害発生の立証なし	［東京］○（確定） ［大阪］— ［佐賀］—	［東京］— ［大阪］— ［佐賀］—
⑫　郵便外務・内務業務精通手当（作業能率評価手当）	契約社員にはなし	［東京］○ ［大阪］○ ［佐賀］○	［東京］○（確定） ［大阪］○（確定） ［佐賀］○（確定）	［東京］— ［大阪］— ［佐賀］—

（注）　許される格差…○　不合理性があり許されない格差…×

※　表中の①から⑤までについては、最高裁で「許されない格差」とされましたが、

⑥から⑫までについては、地裁・高裁段階で⑩を除き「許される格差」とされました。これは、契約社員にも「100対0」ではなく、一定の加算、割増等の配慮がなされていることが影響しているものと思われます。

　正規乗務員と定時制乗務員で歩合給の歩率に差をつけることは問題ですか。

A　定時制乗務員は1か月の勤務が8回又はそれ未満であって、有期雇用労働者である場合が多いと思われますので、パート有期法8条の適用が想定されます。

　　　　タクシー事業において正規乗務員と定時制乗務員のいずれの働き方をするかは、多くの場合、乗務員が、自身の体力、ワークライフバランスの考え方や収入面などを踏まえて自由に選択しているといえます。会社側としては安全面で不安がなければ、人材確保難の中、勤務回数が多い正規乗務員としての勤務を望むのが一般的です。

　そして、定時制乗務員の働き方を選択する乗務員については、正規乗務員と比較し、月間の所定勤務回数、適用される勤務シフト、会社の期待度、会社業績への貢献度、家計への責任度合い、年金の受給の有無など、賃金決定要素と密接に関連する様々な差異が認められます。

　歩合給の歩率に関する最高裁判例は今のところありません。しかし、令和2年10月の五つの最高裁判例（Q191及びQ192参照）をみると、扶養手当や年末年始勤務手当等、その支給の趣旨・目的がシンプルなものについては、短時間・有期雇用労働者にも当該趣旨・目的が該当するのであれば正社員と同様の支給が求められています。一方、基本給及び賞与・退職金のように基本給に関連し職務遂行能力や責任の程度等の複合的な性質を有する賃金については、正社員と短時間・有期雇用労働者との間に差を設けることについて、使用者に比較的大きな裁量の余地を認める傾向がうかがえます。したがって、合理的な説明が可能であれば、歩合給の歩率に差があったとしても問題はないと考えます。

各種手当の有無が不合理な格差とされるのであれば、正社員の手当を廃止すればよいということでしょうか。

　　　確かに正社員にも支給しなければ、格差の問題は解消します。しかし、単純に今まで正社員に支給されていた手当を廃止することは、労契法の「労働者及び使用者は、その合意により、労働契約の内容である労働条件を変更することができる。」(労契法8条)、「使用者は、労働者と合意することなく、就業規則を変更することにより、労働者の不利益に労働契約の内容である労働条件を変更することはできない。」(労契法9条) に抵触する可能性がありますので、慎重な対応が必要です。

　なお、この際労使協議の上、各種手当の在り方を全般的に見直し、基本給等に統合するなど給与制度の抜本的な改革を行うことも考えられます。

第8章　安全衛生

 安全又は衛生委員会の委員の構成は、具体的には、どのようにしたらよいでしょうか。

A タクシー事業（運送業）については、常時使用する労働者数が100人以上の場合に総括安全衛生管理者（安衛法10条）を選任するとともに、安全委員会（同法17条）を設置しなければなりません。また、常時使用する労働者が50人以上の場合に安全管理者（同法11条）、衛生管理者（同法12条）及び産業医（同法13条）を選任するとともに衛生委員会（同法18条）を設置しなければなりません（安全委員会と衛生委員会の設置に代え安全衛生委員会を設置することができます（同法19条）。）。

また、総括安全衛生管理者、安全管理者、衛生管理者又は産業医を選任したときは、遅滞なく所轄労働基準監督署長に報告しなければなりません（安衛則2条2項・4条2項・7条2項・13条2項）。

※　これらの選任報告に当たっては、厚生労働省ホームページに「労働安全衛生法関係の届出・申請等帳票印刷に係る入力支援サービス」がアップされていますので活用してください。

安全衛生委員会については、その事業場で事業の実施を統括管理する者などの中から一人を事業者が指名し、その者が議長となります。その他に、安全管理者、衛生管理者、産業医、安全に関し経験を有する労働者、衛生に関し経験を有する労働者のうちから、それぞれ委員として事業者が指名しなければならないこととなっています。

また、議長となる委員以外の委員の半数は、労働者の過半数で組織する労働組合（それがない場合には、労働者の過半数を代表する者）の推薦に基づき指名しなければならないこととなっています（安衛法17条〜19条）。

なお、安衛法上、特に委員会の委員の人数についての定めはありませんので、事業所の規模等に応じて決めることになります。また、委員会は毎月1回以上開催するようにしなければならないとされています（安衛則23条）。

第8章

Q196 健康診断を受けている間の賃金はどうなるのでしょうか。

A　健康診断には大きく分けて一般健康診断と特殊健康診断があります。一般健康診断とは、職種に関係なく、労働者の雇入れ時と、雇入れ後1年以内ごとに一回、定期的に行う健康診断です（安衛法66条1項、安衛則43条・44条）。この中には深夜業を含む業務など特定業務（安衛則13条）に従事する労働者に対する定期健康診断（6か月以内ごとに1回）が含まれます（安衛則45条）。

　一方、特殊健康診断とは、有機溶剤を取り扱う業務など法定の有害業務に従事する労働者が受ける健康診断（6か月以内ごとに1回）です（安衛法66条2項、安衛令22条）。

　なお、常時50人以上の労働者を使用する事業者は定期健康診断を行った場合は、遅滞なく所轄労働基準監督署長に結果報告（安衛則様式6号）を行わなければなりません（安衛則52条）。また特殊健康診断を行った事業者（事業規模は問いません。）は、同様に遅滞なく所轄労働基準監督署長に結果報告を行わなければなりません（有機溶剤中毒防止規則30条の3など）。

　※　これらの結果報告に当たっては、入力支援サービスを紹介するQ195参照。

　一般健康診断は、一般的な健康確保を目的として事業者に実施義務を課したものですので、業務遂行との直接の関連において行われるものではありません。そのため、受診に要した時間に係る賃金は労使間の協議によって定めるべきものとなります（昭47・9・18基発602）。

　特殊健康診断は業務の遂行に関して、労働者の健康確保のため当然に実施しなければならない健康診断ですので、特殊健康診断の受診に要した時間は労働時間であり、賃金の支払が必要です。特殊健康診断を時間外などに実施した場合は、割増賃金の支払が必要となります。

健康診断の費用は労働者と使用者のどちらが負担するものなのでしょうか。

安衛法等で事業者に義務付けられている健康診断の費用は、法により、事業者に健康診断の実施が義務付けられている以上、当然に事業者が負担すべきものとされています（昭47・9・18基発602）。

なお、労働者は自ら選択した他の医師による健康診断を受け、その結果を証明する書面を事業者に提出することが認められています（安衛法66条5項）が、この場合の費用は事業者が負担する必要はありません。

会社で実施する定期健康診断を拒否する労働者がいる場合は、その者の健康診断は、行わなくてよいですか。

労働者には健康診断を受診する義務がありますから、原則として労働者は事業者の実施する健康診断を拒むことはできません。ただし、労働者は事業者が指定した医師による健康診断を受けることを希望しない場合に他の医師による健康診断を受け、その結果を証明する書面を提出すれば、事業者は重ねて行う必要はありません（安衛法66条5項）。

タクシー乗務員はお客様の安全輸送を使命としていることから、特に確実な実施が求められます（「一般貸切旅客自動車運送事業者に対する行政処分等の基準について」（平28・11・18国自安157・国自旅227・国自整220）においては、未受診者1名で警告、未受診者2名で20日車（使用停止）、未受診者3名以上で同40日車、未受診者による健康起因事故（※）が発生した場合初違反40日車・再違反80日車などが定められています。）。

※　「未受診者による健康起因事故」のうち「健康起因事故」とは、当該運転者が脳疾患、心臓疾患又は意識喪失を発症し、負傷者（当該運転者を除きます。）が生じた重大事故等をいいます。また「未受診者」とは、「当該運転者の事故発生日から過去1年以内に法定の健康診断を受診させずに乗務させていた場合」又は「健康

診断受診結果に基づき、脳疾患、心臓疾患及び意識喪失に関する疾患を疑い、要再検査や要精密検査、要治療の所見があるにもかかわらず、再検査を受診させずに乗務させていた場合」のいずれかに該当する場合をいいます（平21・9・29国自安60・国自旅128・国自整54別表1）。

　万一、乗務員が受診を拒否し続ければ、乗務を拒否するという事態もあり得ます。

　疾病が悲惨な交通事故の要因となり得ること、お客様の命を預かるプロの運転者として常に健康を維持することは不可欠の条件であること、定期的な健康診断は健康状態をチェックする大切な機会であることなどについて日頃から乗務員に周知徹底しておくことが重要です。

時間外労働が月80時間を超える労働者で、労働者から面接指導の申出があった場合、会社の指定した医師による面接指導を強制できますか。

時間外・休日労働が月80時間を超え、かつ、疲労の蓄積が認められる労働者が申出をした場合には、医師による面接指導を実施しなければなりません（安衛法66条の8、安衛則52条の2）。

　この場合、原則として、労働者は、事業者の行う面接指導を受ける義務があります。

　ただし、労働者が事業者の指定した医師による面接指導を希望しない場合は、他の医師による面接指導を受け、その結果を証明する書面を提出することも可能です。この場合の費用は事業者が負担する必要はありません。

　なお、心身の状況など個人情報の取扱いに注意してください。

育児休業等により休業中の労働者にも健康診断を受けさせなければいけませんか。

　定期健康診断を実施すべき時期に、労働者が、育児休業、療養等により休業中の場合には、定期健康診断を実施しなくても差し支えないとされています。また、労働者が休業中のため、定期健康診断を実施できなかった場合には、休業終了後、速やかに当該労働者に対し、定期健康診断を実施しなければならないとされています（平4・3・13基発115）。

ストレスチェック制度とは。

　ストレスチェック（心理的な負担の程度を把握するための検査）制度とは、定期的に労働者のストレスの状況について検査を行い、本人にその結果を通知して自らのストレスの状況について気付きを促し、個人のメンタルヘルス不調のリスクを低減させるとともに、検査結果を集団的に分析し、職場環境の改善につなげることによって、労働者がメンタルヘルス不調になることを未然に防止することを主な目的としたものです（平成27年12月施行）（安衛法66条の10）。

　常時使用する労働者に対し、医師、保健師等が1年以内ごとに1回定期に実施する必要があります（常時50人未満の事業場は当分の間努力義務とされています。）（安衛則52条の21）。

　検査の結果、あらかじめ定めた一定の要件に該当する労働者から申出があった場合には医師による面接指導を実施しなければなりません。また、検査実施後は「心理的な負担の程度を把握するための検査結果報告書（様式第6号の2）」を所轄労働基準監督署に提出してください。

　※　検査結果の報告に当たっては、入力支援サービスを紹介するQ195参照。

事業者が講ずべき受動喫煙防止対策について教えてください。

　　平成30年7月に健康増進法の一部を改正する法律が成立し、施設を第一種施設（学校・児童福祉施設、病院・診療所、行政機関の庁舎等）、第二種施設（事務所、工場、ホテル・旅館、飲食店等）及び喫煙目的施設（喫煙を主目的とするバー、スナック等）に分類し、施設ごとに受動喫煙防止対策が定められました。第一種施設については令和元年7月から、次いで第二種施設及び喫煙目的施設については令和2年4月から施行され、これにより改正健康増進法は全面施行されました。

　会社事務所は、第二種施設に該当し、令和2年4月以降、喫煙専用室又は指定たばこ専用喫煙室を除き、原則屋内禁煙となりました（健康増進法29条1項2号）。また、タクシー車両内は、別途、旅客運送事業自動車の内部として喫煙ができないこととされています（健康増進法29条1項4号）。

　なお、健康増進法上の受動喫煙の定義は「人が他人の喫煙によりたばこから発生した煙にさらされることをいう。」とされ（健康増進法28条3号）、安衛法も同法68条の2においてこの定義を引用しています。

　改正健康増進法により、施設の管理権原者は「…受動喫煙を防止するために必要な措置をとるよう努めなければならない」（健康増進法30条）とされました。また、安衛法でも「事業者は、室内又はこれに準ずる環境における受動喫煙…を防止するため、当該事業者及び事業場の実情に応じ適切な措置を講ずるよう努めるものとする」（安衛法68条の2）とされました。これらはいずれも努力義務を規定したもので違反しても罰則の適用はありません。しかし、受動喫煙防止対策を怠ることにより非喫煙者に健康被害を生じさせた場合には安全配慮義務違反に基づく損害賠償請求などが行われるおそれがあります。ついては職場における受動喫煙防止のためのガイドライン（令元・7・1基発0701第1）が示されていますので、これに沿った適切な対策（※）を講ずるようにしてください。

　※　職場における受動喫煙防止のためのガイドラインの主な内容

　（1）　事業者・労働者の役割

　　　事業者は衛生委員会等の場を通じて、事業場の実情を把握した上で、適切な

措置を決定すること。

　労働者は事業者が決定した措置や基本方針を理解しつつ、必要な対策について積極的に意見を述べることが望ましいこと。

(2)　受動喫煙防止対策の組織的な進め方

　事業者は、事業場の実情に応じ、次のような取組を組織的に進めることが必要であること。

ア　推進計画の策定

イ　担当部署の指定

ウ　労働者の健康管理等

エ　標識の設置・維持管理

　施設内に喫煙専用室、指定たばこ専用喫煙室を設置する場合は、出入口の見やすい箇所に標識を掲示すること。

オ　意識の高揚及び情報の収集・提供

カ　労働者の募集及び求人の申込み時の受動喫煙防止対策の明示

　労働者の募集及び求人の申込みに当たっては、就業の場所における受動喫煙を防止するための措置に関する事項を明示すること。明示する内容としては、例えば以下のような事項が考えられること。

①　施設の敷地内又は屋内を全面禁煙としていること。

②　施設の敷地内又は屋内を原則禁煙とし、特定屋外喫煙場所や喫煙専用室等を設けていること。

(3)　妊婦等への特別な配慮

　妊娠している労働者や呼吸器・循環器等に疾患を持つ労働者、がん等の疾病を治療しながら就業する労働者、化学物質に過敏な労働者など、受動喫煙による健康への影響を一層受けやすい懸念がある者に対して、特に配慮を行うこと。

労働者死傷病報告とはどんな場合に報告するものですか。

　「労働災害」とは、労働者が就業中に建設物、設備、原材料、ガス、蒸気、粉じん等により、又は作業行動その他業務に起因して、負傷し、疾病にかかり、又は死亡することをいいます（安衛法2条1号）。

　そして労働者が労働災害その他就業中又は事業場内若しくはその附属建設物内における負傷、窒息又は急性中毒により死亡し、又は休業したときは、遅滞なく様式23号による「労働者死傷病報告」を所轄労働基準監督署長に提出しなければなりません（安衛則97条）。

　なお、この報告は上記に該当する事実があれば事業者は、当事者の故意・過失の有無に関係なく報告する義務があります（違反した場合は50万円以下の罰金）（安衛法100条・120条5項）。

　※　労働者死傷病報告の作成に当たっては巻末資料〇労働者死傷病報告の記載例を参考にしてください（入力支援サービスを紹介するQ195参照）。

　この場合、休業の日数が4日に満たないときは、上記にかかわらず1月から3月まで、4月から6月まで、7月から9月まで及び10月から12月までの期間における当該事実について、様式24号による報告（様式23号に比較し、より簡素な内容のもの）をそれぞれの期間における最後の月の翌月末日までに提出しなければならないとされています（安衛則97条）。

　この報告を行わないと、最悪の場合、労災かくしとして安衛法違反で送検される場合があります（Q211参照）。

　心の健康問題で休職する労働者について、どのように職場復帰支援プランを策定したらよろしいでしょうか。

　心の健康問題で休業している労働者が円滑に職場復帰するためには、休業から復職までの流れをあらかじめ明確にし、主治医、産業保健スタッフ、管理監督者などの関係者が共通認識の下、組織的かつ計画的に支援することが必要です。

　特に休業していた労働者の実情を十分に踏まえた職場復帰支援プランを作成し、このプランに沿って支援を行うことが求められます。また、復帰過程での疾患の再燃・再発について早期の気付きと迅速な対応が不可欠であり、支援の状況に応じプランを見直すことも必要です。労働者のプライバシーの保護にも留意してください。

　職場復帰支援の流れは大きく分けて、①病気休業開始及び休業中のケア、②主治医による職場復帰可能の判断、③職場復帰の可否の判断及び職場復帰支援プランの作成、④最終的な職場復帰の決定、⑤〔職場復帰→〕職場復帰後のフォローアップの五つのステップとなります。

①　病気休業開始及び休業中のケア

　労働者から事業者に診断書（病気休業診断書）が提出され、休業が始まります。休業する労働者には、何よりも休業期間中に安心して療養に専念してもらうことが重要です。そのため、傷病手当金などの経済的な保障、不安・悩みの相談先の紹介、休業の最長（保障）期間など必要な手続や職場復帰支援の手順をあらかじめ具体的に説明しておきましょう。

②　主治医による職場復帰可能の判断

　休業中の労働者から事業者に対し、職場復帰の意思が伝えられると、事業者は労働者に対して、職場復帰が可能である旨の主治医の判断が記された診断書の提出を求めます。この場合、あらかじめ主治医に対し職場で必要とされる業務遂行能力に関する情報を提供し、労働者の状態が就業可能な回復レベルに達しているか否かを主治医が的確に判断できるようにしておくとよいでしょう。

③　職場復帰の可否の判断及び職場復帰支援プランの作成

　安全で円滑な職場復帰を支援するため、最終的な決定の前段階として、必要な情報の収集とその評価を行った上で職場復帰ができるかを適切に判断します。

　※　判断基準の例

　　㋐　労働者が十分な意欲を示している。

　　㋑　通勤時間帯に一人で安全に通勤ができる。

　　㋒　決まった勤務日、時間に就労が継続して可能である。

　　㋓　業務に必要な作業ができる。

　　㋔　作業による疲労が翌日までに十分回復する。

　　㋕　適切な睡眠覚醒リズムが整っている。昼間に眠気がない。

　　㋖　業務遂行に必要な注意力・集中力が回復している。

　職場復帰が可と判断された場合には、職場復帰を支援するため、労働者の実情に即した具体的プラン（職場復帰支援プラン）を作成します。

　職場復帰直後は労働負荷を軽減し、段階的に元へ戻していくこととなりますが、短時間勤務を採用する場合には、生活リズムの確保の観点から、始業時間を遅らせるのではなく、終業時間を早める方が望ましいでしょう。

　また、元の就業状態に戻すまでにはいくつかの段階に分け、各段階に応じた内容及び期間を設定します。各段階に求められる水準（例えば定時勤務が可能、仕事に関する意思疎通が可能など）も明記しておきましょう。

④　最終的な職場復帰の決定

　労働者の状態の最終確認を行い、産業医等の意見をもとに最終的な職場復帰を決定します。

⑤　職場復帰後のフォローアップ

　職場復帰後は、職場復帰支援プランに沿って支援を行うことになります。また、復帰の過程における疾患の再燃・再発について早期の気付きと迅速な対応が必要です。管理監督者による観察と支援のほか、産業保健スタッフ等によるフォローアップを実施しましょう。また、職場復帰支援プランが計画どおり実施されているかチェックするとともに、問題が生じている場合には必要な見直しを行ってください。

　※　厚生労働省「心の健康問題により休業した労働者の職場復帰支援の手引き」
　　　参照。

第9章　その他

パワーハラスメント防止対策について教えてください。

　　　令和元年6月5日法律24号の改正により、令和2年6月1日（中小企業は令和4年4月1日）から、改正労働施策総合推進法及び同法に基づく指針（※）が施行され、職場におけるパワーハラスメント防止措置が事業主の義務となりました。

※　事業主が職場における優越的な関係を背景とした言動に起因する問題に関して雇用管理上講ずべき措置等についての指針（令2・1・15厚労告5）（以下「パワハラ指針」といいます。）

　職場におけるパワーハラスメントとは、①優越的な関係を背景とした言動であって、②業務上必要かつ相当な範囲を超えたものにより、③労働者の就業環境が害されること、の三つの要素を全て満たすものをいいます（労働施策総合推進法30条の2）。

　ただし、客観的にみて、業務上必要かつ相当な範囲で行われる適正な業務指示や指導については、職場におけるパワーハラスメントに該当しないことに留意してください。

　典型的なパワーハラスメント行為としては以下に示す、①身体的な攻撃、②精神的な攻撃、③人間関係からの切り離し、④過大な要求、⑤過小な要求、及び⑥個の侵害の六つの行為類型があります。なお、これらは職場のパワーハラスメント全てを網羅するものではなく、これ以外は問題ないということではありません（パワハラ指針2(7)）。

①　身体的な攻撃（暴行・傷害）

　　（該当すると考えられる例）

　　㋐　殴打、足蹴りを行うこと

　　㋑　相手に物を投げつけること

　　（該当しないと考えられる例）

　　㋐　誤ってぶつかること

② 精神的な攻撃（脅迫・名誉棄損・侮辱・ひどい暴言）

　（該当すると考えられる例）

　㋐　人格を否定するような言動を行うこと。相手の性的指向・性自認に関する侮辱的な言動を行うことを含む

　㋑　業務の遂行に関する必要以上に長時間にわたる厳しい叱責を繰り返し行うこと

　㋒　他の労働者の面前における大声での威圧的な叱責を繰り返し行うこと

　㋓　相手の能力を否定し、罵倒するような内容の電子メール等を当該相手を含む複数の労働者宛てに送信すること

　（該当しないと考えられる例）

　㋐　遅刻など社会的ルールを欠いた言動が見られ、再三注意してもそれが改善されない労働者に対して一定程度強く注意をすること

　㋑　その企業の業務の内容や性質等に照らして重大な問題行動を行った労働者に対して、一定程度強く注意をすること

③ 人間関係からの切り離し（隔離・仲間外し・無視）

　（該当すると考えられる例）

　㋐　自身の意に沿わない労働者に対して、仕事を外し、長期間にわたり、別室に隔離したり、自宅研修させたりすること

　㋑　一人の労働者に対して同僚が集団で無視をし、職場で孤立させること

　（該当しないと考えられる例）

　㋐　新規に採用した労働者を育成するために短期間集中的に別室で研修等の教育を実施すること

　㋑　懲戒規定に基づき処分を受けた労働者に対し、通常の業務に復帰させるために、その前に、一時的に別室で必要な研修を受けさせること

④ 過大な要求（業務上明らかに不要なことや遂行不可能なことの強制・仕事の妨害）

　（該当すると考えられる例）

　㋐　長期間にわたる、肉体的苦痛を伴う過酷な環境下での勤務に直接関係のない作業を命ずること

　㋑　新卒採用者に対し、必要な教育を行わないまま到底対応できないレベルの業績目標を課し、達成できなかったことに対し厳しく叱責すること

　㋒　労働者に業務とは関係のない私的な雑用の処理を強制的に行わせること

（該当しないと考えられる例）

　⑦　労働者を育成するために現状よりも少し高いレベルの業務を任せること

　④　業務の繁忙期に、業務上の必要性から、当該業務の担当者に通常時よりも一定程度多い業務の処理を任せること

⑤　過小な要求（業務上の合理性なく能力や経験とかけ離れた程度の低い仕事を命じることや仕事を与えないこと）

（該当すると考えられる例）

　⑦　管理職である労働者を退職させるため、誰でも遂行可能な業務を行わせること

　④　気にいらない労働者に対して嫌がらせのために仕事を与えないこと

（該当しないと考えられる例）

　⑦　労働者の能力に応じて、一定程度業務内容や業務量を軽減すること

⑥　個の侵害（私的なことに過度に立ち入ること）

（該当すると考えられる例）

　⑦　労働者を職場外でも継続的に監視したり、私物の写真撮影をしたりすること

　④　労働者の性的指向・性自認や病歴、不妊治療等の機微な個人情報について、当該労働者の了解を得ずに他の労働者に暴露すること

（該当しないと考えられる例）

　⑦　労働者への配慮を目的として、労働者の家族の状況等についてヒアリングを行うこと

　④　労働者の了解を得て、当該労働者の性的指向・性自認や病歴、不妊治療等の機微な個人情報について、必要な範囲で人事労務部門の担当者に伝達し、配慮を促すこと

　以上の職場におけるパワーハラスメントの防止について、事業主は以下の措置を必ず講じなければなりません（パワハラ指針4）。

（1）　事業主の方針等の明確化及びその周知・啓発

　①　職場におけるパワーハラスメントの内容・パワーハラスメントを行ってはならない旨の方針を明確化し、労働者に周知・啓発すること

　②　行為者について、厳正に対処する旨の方針・対処の内容を就業規則等の文書に規定し、労働者に周知・啓発すること

(2)　相談に応じ、適切に対応するために必要な体制の整備

①　相談窓口をあらかじめ定め、労働者に周知すること

②　相談窓口担当者が、相談内容や状況に応じ、適切に対応できるようにすること

(3)　職場におけるパワーハラスメントに係る事後の迅速かつ適切な対応

①　事実関係を迅速かつ正確に確認すること

②　速やかに被害者に対する配慮のための措置を適正に行うこと(注1)

③　事実関係の確認後、行為者に対する措置を適正に行うこと(注1)

④　再発防止に向けた措置を講ずること(注2)

　(注1)　事実確認ができた場合
　(注2)　事実確認ができなかった場合も同様

(4)　そのほか併せて講ずべき措置

①　相談者・行為者等のプライバシー（性的指向・性自認や病歴、不妊治療等の機微な個人情報も含む。）を保護するために必要な措置を講じ、その旨労働者に周知すること

②　相談したこと等を理由として、解雇その他不利益取扱いをされない旨を定め、労働者に周知・啓発すること

以上は自社内のパワーハラスメント防止措置ですが、このほかに他の事業主の雇用する労働者等やお客様等からのパワーハラスメントや著しい迷惑行為も想定されますので、雇用管理上の配慮として次のような取組も講じておいた方が望ましいでしょう。

　㋐　事象があった場合に相談に応じ、適切に対応するために必要な体制の整備

　㋑　被害者への配慮のための取組（メンタルヘルス不調への相談対応、行為者に対し一人で対応させない等）

　㋒　被害防止のための取組（マニュアル作成や研修の実施等）

問題のある乗務員を解雇する場合、どんな理由があれば解雇権の濫用と言われずに行うことができますか。

労契法16条で「解雇は、客観的に合理的な理由を欠き、社会通念上相当であると認められない場合には、その権利を濫用したものとして、無効とする。」と定めています。

　　　これに該当するかどうかは、個別の事情に応じて適切に判断することになります。以下にタクシー乗務員に関する裁判例を紹介します。要約すれば、解雇が有効とされた例としては、①正当な理由のない運送引受義務の拒絶、②著しい勤務態度不良等・交通事故の多発、③乗車拒否・センター指導員の指導の無視などがあります。

逆に解雇が無効とされた例としては、

① 売上金の一部未納入・前借りへの流用（後日納入）等の事実があったとしても解雇は重きに過ぎるとされたもの

② 売上高が乗務員の中で最低であったとしても著しく劣るものではないとされたもの

③ 営業収入が低くても他にも大差のない乗務員がいるとされたもの

④ 禁じられた運転代行を行ったとしても、禁止の周知が不徹底であったとされたもの

⑤ 時間外労働に服さない乗務員の運収額が相対的に低くなったとしても、それは合理的な比較方法とはいえないとされたもの

などがあります。個別の事情、訴訟における攻撃防御などにより結論は変わり得ますが、これらのことを踏まえた上で参考にしてください。

(1) 解雇が有効とされた例

　① 乗車拒否を理由とするタクシー運転手に対する解雇が有効とされた事例（東京高判平5・4・20労判644・45）。

　　一般の乗客がタクシー運転手に対して行き先を告げて乗車を申し込んだところ、運転手から単に行く先は知らないと言われた場合、乗客の中には、運転手が運行を嫌がっていると疑心暗鬼になり、また、行き先を一々運転手に指示す

ることの煩わしさ等から、乗車を諦めるという事態も起りうること、一方、タクシー運転手の中には、時には、乗客の右心理を悪用して行き先が分からないと答えることにより、外形的には乗客に自ら乗車を断念させる形をとりつつ、結果的には事実上乗車拒否を実現するという悪習を招来する可能性もあること等を合わせ考えると、たとえ運転手が行き先を知らないため当該運転手自身には明確な乗車拒否の意思はないとしても、乗客からの乗車申込みに対し、単に行く先が分からないと答えることにより、乗客に乗車を断念させたときは、行為の全体的評価として、職業運転手としてなすべき職務上の義務に著しく違反し、ひいては正当の理由のない運送引受義務の拒絶に該当するもの（解雇は有効）と解するのが相当である。

② 　勤務態度不良、会社中傷のビラ配布、交通事故の多発等を理由とする解雇が有効とされた事例（東京地判昭60・2・15労経速1219・19）。

　　原告がほとんど連日大幅な遅刻を繰り返していることは、反省の態度に乏しいものと評価することができる。原告はB型賃金で出来高払であるから出勤時間は自由であると主張するけれども、たとえ賃金が出来高払であったとしても、出勤時刻に著しく遅刻をし、これを繰り返すことは職場規律を著しく乱す行為であるというべきである。会社中傷のビラの記載内容が真実であると認めるべき証拠はなく、またその表現の内容もどぎつく、その情状は悪質であると認められる。そして、事故の態様は個々の事故それ自体を見ると、それほど重大なものとはいえないけれども、約1年半の間に7回も過失による事故を引き起したことは強く非難されてもやむを得ないであろう。原告の各行為の内容、態様、悪性等を総合して考えると、会社において、同原告を通常解雇することもやむを得ない事情があったものと認められ、解雇権の行使が権利の濫用であると認めることはできない。

③ 　乗車拒否、それに対する近代化センター指導員による指導の無視等を理由とする解雇が有効とされた事例（東京地決昭62・3・18労判501・56）。

　　申請人は、本件現場において客の乗車申込みを受けたのにこれを拒否し、その際に行われた近代化センターの指導員の指導に従わなかったものであると推認することができ、さらにこのような事実について被申請人に対して虚偽の申告を行ったものということができる。

　そうすると、申請人の行った行為は、被申請人が定める就業規則6条の「会社の信用と名誉を傷つける行為をしてはならない。」(1号)、「虚偽の報告または申告をしてはならない」(4号)及び同条7号において守るべきことを定めている運転者服務規定7条の「誠実に勤務すること。会社の信用と名誉を重んじ従業員として不名誉になる行為をしないこと。虚偽の報告、申告をしないこと。故なく乗車拒否をしないこと。」に違反するものであるということができる。

　そして、申請人については前記のように解雇の理由とされた事実があるところ、この事実の態様や違反の程度、申請人のこれに対する対応状況、更にタクシー会社及びタクシー運転手が運送事業に従事する者として乗車拒否等を行わないことが社会的な要請とされていることその他一切の事情をしん酌すると、申請人が行った右の行為について、被申請人が被申請人の就業規則58条6号に定める「その他やむを得ない必要がある時」に該当するものとして解雇したことは、他の同種違反事例における違反態様や処分内容に照らしてみても不当に重い処分であるということはできないというべきである。そして、他に被申請人が行った本件解雇が解雇権を濫用したものであることをうかがわせるに足りる疎明資料はない。

(2)　解雇が無効とされた例

①　売上金の一部未納入・前借りへの流用、労働能率の低下、不良な勤務態度を理由とするタクシー運転手に対する解雇が無効とされた事例（徳島地決昭62・7・15労判502・38）。

　会社においては、元来、売上金からの給料の前借りは容認されており、限度額の定めがあるものの、その運用は実際上厳格でなく、大体において申請人の前借額はその限度額を著しく越えるものではないし、前借金は給料日に清算され、会社に実質上損害を与えるものでもなかった。売上金についても、数日後に納入することが認められており、申請人が勤務当日に納入しなかった売上金もその後に納入され、会社に実質上の損失を与えたことはなかったことが一応認められる。これらの事実に照らすと、申請人には給料の前借、売上金の納入等の点で多少ルーズなところがあったにしても、これを会社の前記のような管理体制と対比するときは、これを理由として申請人を解雇するのはその制裁としては重きに過ぎて合理性を欠くものといわなければならない。

　　そのほか、会社の申請人に対する解雇通知には、解雇理由として、労働能率の低下、不良な勤務態度が掲げられているところ、一件記録によれば、申請人の1日当たりの売上高が会社の従業員の中で最低であることが一応認められるけれども、それとても他の従業員と比べて著しく劣るものではなく、逆に申請人はいわゆる公休出勤、明番出勤に精励して、長期的に見れば、会社の売上高の向上に貢献しているといえなくもないし、また乗客との紛争が度重なるとかそのほかの勤務態度が不良であると認めるに足りる事情は見当たらない。

　　したがって、本件解雇は解雇権の濫用であるから無効であり、申請人はいまなお会社の従業員たる地位を有するものというべきである。

②　タクシー運転手に対する営業収入の不良、運転代行をしたこと等を理由とする解雇につき、就業規則所定の解雇事由に該当するまでに至らないとされた事例（盛岡地判平2・2・1労判561・71）。

　　原告の営収は、全乗務員の平均営収額に比し、長期間にわたって継続的に、相当低く、かつ、被告からの再三の注意にもかかわらず目立った変化がないという勤務状況にあるということはできるものの、その程度は、他にも原告と大差のない従業員があって、本件解雇に際し、被告としても、これを特に取り上げて指摘をすることをしなかった程のものであるし、原告も被告の利益にそれなりに貢献していると見る余地がなくはないものであることを考えると、前認定のような事実をもっていまだ就業規則に定める「著しい」成績の不良があるということはできない。

　　そして、原告が運転代行を行い、そのタクシー運賃をAと折半したことは、外形的には被告の業務方針に反するものという余地が全くないわけではないが、…これにより被告又はその関連会社であるB商事が本来得るべき収入を害したという余地はないし、…原告には不当な利益は生じていないこと、原告及びAが結局運賃全額について被告に報告されていること、さらに、その方針の変更の周知は不徹底なものであったところ原告は本社配車係員に確認の上行ったものであることからして、右運転代行の事実をもって、会社の業務運営を妨げ又は著しく協力しなかったものということはできないところであるし、「正常な納金」をしなかったということもできない。

　　したがって、被告が本件解雇の事由として主張するところはいずれも理由が

なく、その余の点について検討するまでもなく当事者間には雇用契約関係が存続しているものというべきである。

③　営業収入が低く乗務員中最低であり再三の注意にもかかわらず改善の見込みがないので乗務員として不適当であるとの理由で申請人が解雇されたため地位保全等の仮処分を申請した事例（一部認容）（札幌地決昭60・7・19労判462・25）。

　右低営収を理由とする本件解雇の合理性について考えるに、もとよりタクシー事業も利潤の追求を目的とする私企業であるから、勤務成績が低劣な労働者の雇用を継続する義務が債務者に存すると解することはできず、その意味において、低営収の労働者を企業から排除することを目的とした前記就業規則の規定は一応合理性があるものということができる。しかしながら、その際、いかなる基準で低営収と判定するか、低営収者と判定されたもののうち誰を解雇するかについては、債務者において合理的な裁量の範囲を超えるものであってはならないのは、いうまでもないところである。

　そこで検討すると、（証拠略）によれば、債務者会社における乗務員の就業時間は原則として午前8時から翌日午前2時まで（昼食時及び夕食時各1時間の休憩）とされているが、多くの乗務員は事実上右の所定労働時間を超えて勤務し、増収を図っていることが一応認められる。かかる実情の下において、一乗務当りの運収額の比較のみによって乗務員の勤務成績の優劣を判定するならば、時間外労働に服さない労働者の運収額が相対的に低く評価されることは必然であり、そうすると当該労働者が時間外労働をしないという事実をもって不利に斟酌する結果となり、そのことがひいては当該労働者の解雇に結びつけて評価されるとするならば、当該労働者に時間外労働を事実上強制する結果を招くものといわざるを得ない。してみると、かかる運収額のみによる比較は労働基準法の精神を損ない、合理的な比較方法とはいえないとする債権者の反論は十分首肯し得るところである。

労災保険の対象となる業務災害とは。

　　労災保険は国（厚生労働省）が管掌し、労働者を使用する全事業を対象に運営されています。労災保険の対象となる業務災害とは、労働者が業務上の理由により被った負傷、疾病、障害又は死亡をいいます（労災法7条1項1号）。

　業務災害かどうかについては膨大な認定・不認定例が存在します。ここでは業務災害と認められるためには、①労働者が事業主の支配管理下にある状態で起こった事故であること（業務遂行性）及び②業務と発生した労働者の死傷病等との間に相当因果関係があること（業務起因性）の二つの要件に該当することが必要であるということだけ紹介しておきます。

労災保険の対象となる通勤災害とは。

　　労災保険の対象となる通勤災害とは、労働者が通勤により被った負傷、疾病、障害又は死亡をいいます（労災法7条1項3号）。

　　この場合の「通勤」とは、就業に関し、次に掲げる移動を、合理的な経路及び方法により行うことをいい、業務の性質を有するものを除きます。ただし、移動の経路を逸脱し、又は移動を中断した場合には、逸脱又は中断の間及びその後の移動は「通勤」とはなりません（労災法7条2項・3項）。

① 　住居と就業の場所との間の往復
② 　就業の場所から他の就業の場所への移動（副業等で複数の事業場で働いている場合）
③ 　住居と就業の場所との間の往復に先行し、又は後続する住居間の移動（単身赴任等をしている場合）

以下、労災法における通勤の要件を詳しくみていきましょう（労災則6条〜8条）。

① 「就業に関し」とは

通勤とされるためには、移動行為が業務に就くため又は業務を終えたことにより行われるものであることが必要です。したがって、被災当日に就業することとなっていたこと、また現実に就業していたことが必要です。この場合、遅刻やラッシュを避けるための早出など、通常の出勤時刻と時間的にある程度の前後があっても就業との関連性は認められます。

② 「住居」とは

労働者が居住して日常生活の用に供している家屋等の場所で、本人の就業のための拠点となる所をいいます。したがって、就業の必要上、労働者が家族の住む場所とは別に就業の場所の近くにアパートを借り、そこから通勤している場合には、そこが住居となります。

さらに、通常は家族のいる所から出勤するが、別のアパートを借りていて、早出や長時間の残業の場合には当該アパートに泊まり、そこから通勤するような場合には、家族の住居とアパートの双方が住居と認められます。

③ 「就業の場所」とは

業務を開始し、又は終了する場所をいいます。乗務員の場合は通常、出庫又は帰庫する場所になります。

④ 「住居と就業の場所との間の往復に先行し、又は後続する住居間の移動」とは

転任に伴い、当該転任の直前の住居と就業の場所との間を日々往復することが当該往復距離を考慮して困難となった（原則として片道60キロメートル以上等（平18・3・31基発0331042））ため住居を移転した労働者であって、一定のやむを得ない事情により、当該転任の直前の住居に居住している配偶者と別居することとなったものの居住間の移動をいいます。

また、配偶者がない場合の子との別居、並びに配偶者及び子がない場合の父母又は親族（要介護状態にあり、かつ、当該労働者が介護していた父母又は親族に限ります。）との別居についても同様に取り扱います。

⑤ 「合理的な経路及び方法」とは

就業に関する移動の場合に、一般に労働者が用いるものと認められる経路及び方法をいいます。合理的な経路については、通勤のために通常利用する経路であれば、複

数あったとしてもそれらの経路はいずれも合理的な経路となります。

　また、当日の交通事情により迂回してとる経路、マイカー通勤者が貸切りの車庫を経由して通る経路など、通勤のためにやむを得ずとる経路も合理的な経路となります。しかし、特段の合理的な理由もなく、著しい遠回りとなる経路をとる場合などは、合理的な経路とはなりません。

　次に、合理的な方法については、鉄道、バス等の公共交通機関を利用する場合、自動車、自転車等を本来の用法に従って使用する場合、徒歩の場合等、通常用いられる交通方法を平常用いているかどうかにかかわらず、一般に合理的な方法となります。

⑥　「業務の性質を有するもの」とは

　以上説明した①から⑤までの要件を満たす往復行為であっても、その行為が業務の性質を有するものである場合には、通勤となりません。

　具体的には、事業主の提供する専用交通機関を利用する出退勤や緊急用務のため休日に呼出しを受けて緊急出動する場合などが該当し、これらの行為による災害は業務災害となります。

⑦　「移動の経路を逸脱し、又は移動を中断した場合」とは

　逸脱とは、通勤の途中で就業や通勤と関係ない目的で合理的な経路をそれることをいい、中断とは、通勤の経路上で通勤と関係ない行為を行うことをいいます。

　通勤の途中で逸脱又は中断があるとその後は原則として通勤とはなりませんが、日常生活上必要な行為であって、厚生労働省令で定める以下のものをやむを得ない事由により最小限度の範囲で行う場合には、逸脱又は中断の間を除き、合理的な経路に復した後は再び通勤となります。

　　㋐　日用品の購入その他これに準ずる行為

　　㋑　職業訓練、学校教育法1条に規定する学校において行われる教育その他これらに準ずる教育訓練であって職業能力の開発向上に資するものを受ける行為

　　㋒　選挙権の行使その他これに準ずる行為

　　㋓　病院又は診療所において診察又は治療を受けることその他これに準ずる行為

　　㋔　要介護状態にある家族等の介護（継続・反復して行われるものに限ります。）

労働者が仕事中にけがをして休業した場合に、休業した最初の3日間の補償はどうするのですか。

 労災保険の休業補償給付が受けられるのは、休業開始後4日目からです。

本来業務上の災害については、事業主に補償責任がありますが（労基法75条〜88条）、労災保険は事業主に代わって補償を行うものです。

したがって、労災保険で補償されない休業直後の3日間については、労基法に基づき事業主が補償を行わなければなりません。

 傷病手当金について概要を教えてください。

 傷病手当金とは、病気休業中に健康保険の被保険者とその家族の生活を保障するために設けられた制度で、業務外の病気やけがのために会社を休み、事業主から十分な報酬が受けられない場合に支給されます（健康保険法99条）。

傷病手当金は、被保険者が病気やけがのために働くことができず、会社を休んだ日が連続して3日間あった上で、4日目以降、休んだ日に対して支給されます。ただし、休んだ期間について事業主から傷病手当金の額より多い報酬額の支給を受けた場合には、傷病手当金は支給されません。

支給される金額は次のとおりです。

1日当たりの金額：（支給開始日の以前12か月間の各標準報酬月額を平均した額）÷30日 ×（2／3）

支給期間は、同一の傷病について支給を開始した日から数えて最長1年6か月です。なお以下の①〜⑤に当てはまる場合、傷病手当金の支給額の一部又は全部が調整されます。

① 給与の支払があった場合

　休んだ期間について、給与の支払がある場合、傷病手当金は支給されません。ただし、その給与の日額が、傷病手当金の日額より少ない場合、傷病手当金と給与の差額が支給されます。

② 障害厚生年金又は障害手当金を受けている場合

　同一の傷病等による厚生年金保険の障害厚生年金又は障害手当金を受けている場合、傷病手当金は支給されません。ただし、障害厚生年金の額（同一支給事由の障害基礎年金が支給されるときはその合算額）の360分の1が傷病手当金の日額より少ない場合は、その差額が支給されます。また、障害手当金の場合は、傷病手当金の額の合計額が障害手当金の額に達することとなる日までの間、傷病手当金は支給されません。

③ 老齢退職年金を受けている場合

　資格喪失後に傷病手当金の継続給付を受けている方が、老齢退職年金を受けている場合、傷病手当金は支給されません。ただし、老齢退職年金の額の360分の1が傷病手当金の日額より少ない場合は、その差額が支給されます。

④ 労災保険から休業補償給付を受けていた（受けている）場合

　過去に労災保険から休業補償給付を受けていて、休業補償給付と同一の病気やけがのために労務不能となった場合には、傷病手当金は支給されません。また、業務外の理由による病気やけがのために労務不能となった場合でも、別の原因で労災保険から休業補償給付を受けている期間中は、傷病手当金は支給されません。ただし、休業補償給付の日額が傷病手当金の日額より少ないときは、その差額が支給されます。

⑤ 出産手当金を同時に受けられるとき

　傷病手当金の額が出産手当金の額よりも多ければ、その差額が支給されます。

労災かくしとは何ですか。

　　事業者は、労働災害等により労働者が死亡又は休業した場合には、遅滞なく、労働者死傷病報告等を労働基準監督署長に提出しなければなりません（Q 203参照）。

　　「労災かくし」とは、事業者が労災事故の発生を隠すため、労働者死傷病報告（安衛法100条、安衛則97条）を、①故意に提出しないこと、又は②虚偽の内容を記載して提出することをいいます。

　労災かくしが行われると、被災労働者が適正な労災給付を受けられなくなるばかりでなく、適切な労働災害防止対策を講ずることもできなくなりますので、労働基準監督署としては、極めて悪質な行為として最も厳しい態度で臨んでいます。

労基法上の時効の規定はどのように変更されたのですか。

　　時効に関する改正労基法は令和2年3月31日法律13号により改正され、改正民法の施行に合わせ、令和2年4月1日から施行されています。主な内容は次のとおりです。

①　賃金請求権の消滅時効期間は、改正前の2年から5年に延長されます。ただし、経過措置として、当分の間は3年が適用されます（労基法115条・143条3項）。

②　退職手当（労働協約又は就業規則によってあらかじめ支給要件が明確にされている場合）については、改正前の5年のままです（労基法115条）。

③　年次有給休暇請求権及び災害補償請求権については、改正前の2年のままです（労基法115条）。

④　その他の請求権（帰郷旅費、退職時の証明、金品の返還（賃金を除きます。）（※））については、改正前の2年のままです（労基法115条）。

※　帰郷旅費→契約解除の日から14日以内（労基法15条3項）

　　退職時の証明→労働者が請求した場合、遅滞なく（労基法22条1項）

　　金品の返還→権利者が請求した場合、7日以内（労基法23条1項）

⑤　付加金（Q218参照）については、賃金請求権に合わせて原則5年、当分の間3年が適用されます。

　なお、新しい消滅時効期間は、改正法の施行期日（令和2年4月1日）以後に支払期日が到来する賃金請求権から適用されます（労基法令和2年法律13号改正附則2条2項）。

労働関係に関する記録の保存期間はどうなったのですか。

　まず、労基法109条で対象としている労働関係に関する記録は、以下のとおりです。

①　労働者名簿

②　賃金台帳

③　雇入れに関する書類

　　例：雇入決定関係書類、契約書、労働条件通知書、履歴書、身元保証契約書等

④　解雇に関する書類

　　例：解雇決定関係書類、解雇予告除外認定関係書類、予告手当又は退職手当の領収書等

⑤　災害補償に関する書類

　　例：診断書、補償の支払、領収関係書類等

⑥　賃金に関する書類

　　例：賃金決定関係書類、昇給・減給関係書類等

⑦　その他労働関係に関する重要な書類

　　例：出勤簿、タイムカード等の記録、労使協定の協定書、各種許認可書、始業・終業時刻など労働時間の記録に関する書類（使用者自ら始業・終業時間を記録したもの、残業命令書及びその報告書並びに労働者が自ら労働時間を記録

した報告書）、退職関係書類、休職・出向関係書類、事業内貯蓄金関係書類等
※　年次有給休暇管理簿（労基則24条の7）も同様の扱いとなります。
　上記の記録の保存期間は、令和2年4月1日以降、改正前の3年から5年に延長されます。ただし、経過措置として、当分の間は3年が適用されます（労基法143条1項）。

労働者名簿や賃金台帳の保存期間はいつからスタートするのですか。

改正された労基則56条において、各記録についてそれぞれの起算日を定めています。
①　労働者名簿については、労働者の死亡、退職又は解雇の日
②　賃金台帳については、最後の記入をした日
③　雇入れ又は退職に関する書類については、労働者の退職又は死亡の日
④　災害補償に関する書類については、災害補償を終わった日
⑤　賃金その他労働関係に関する重要な書類については、その完結の日

社会保険の標準報酬月額の定時決定と随時改定とは。

定時決定と随時改定は次のとおりです（健康保険法41条・43条）。
（1）　定時決定
　「定時決定」とは、毎年1回決まった時期に、全ての被保険者について
標準報酬月額の見直しを行うために、4月、5月、6月の3か月間の報酬（4
月分の賃金が5月に支払われる場合はその賃金は5月の報酬と扱われます。）の平均額
を報酬月額とし、標準報酬月額等級表に当てはめて決定することをいいます。
　各月について、報酬支払基礎日数（報酬の支払の基礎となった日数）が17日未満の

月があれば、その月を除いて計算します。一時帰休による休業手当等が支払われた日も、支払基礎日数に含まれます。

　定時決定で決定された標準報酬月額は、その年の9月から翌年の8月まで各月の標準報酬月額とされます。

　(2)　随時改定

　上記(1)のとおり、社会保険の標準報酬月額は1年に1回、定時決定が行われますが、その途中に昇（降）給などが行われ、報酬月額が大幅に変動した場合に実際に受ける報酬と標準報酬月額との間に隔たりがないように次回の定時決定を待たずに報酬月額の変更を行います。これを「随時改定」といい、その届出書を「月額変更届」といいます。

　随時改定の要件は次のとおりで、①～③の全てに該当した場合、随時改定の対象となります。逆に一つでも該当しない場合は、随時改定の対象となりません。

①　昇給又は降給等により固定的賃金(※)に変動があったこと

　※　一時帰休に伴い低額な休業手当が支払われることとなった場合は、これを固定的賃金の変動とみなすこととされています。

②　変動月から3か月間に支給された報酬（残業手当等の非固定的賃金を含みます。）の平均月額に該当する標準報酬月額とこれまでの標準報酬月額との間に2等級以上の差が生じたこと

③　3か月とも支払基礎日数が17日以上であること

　短時間労働者に対する被用者保険への適用が順次拡大されているようですが、詳しく教えてください。

　短時間労働者（後述①～④で対象となる要件を説明しています。）の社会保険（厚生年金保険・健康保険）の適用拡大については、平成28年10月1日から被保険者数が501人以上の事業所が対象とされ、令和4年10月1日から同101人以上の事業所が対象とされました。そして令和6年10月1日からは同51人以上の事業所が対象とされることになっています。

令和6年10月1日以降、被用者保険の適用対象となるのは、一般従業員の所定労働時間及び所定労働日数の4分の3未満の者であって次の要件を全て満たす者です。

①　以下のいずれかの適用事業所に使用されていること

　⑦　特定適用事業所(※1)

　⑨　任意特定適用事業所(※2)

　⑦　国又は地方公共団体の適用事業所

※1　「特定適用事業所」とは、被保険者の数が常時50人を超える事業所（51人以上の事業所）をいいます。ここで「被保険者の数」とは、フルタイムの労働者と所定労働時間・所定労働日数が通常の労働者の4分の3以上の短時間労働者を合わせた数をいい、要するに各社の現在の厚生年金の被保険者の総数のことです。したがって、今回適用拡大の対象とされている短時間労働者や70歳以上で健康保険のみ加入している労働者は含まれません。

　　また、「常時50人を超える事業所」のうち「事業所」とは、法人の場合、同一の法人番号を有する全事業所単位とされています。また、「常時50人を超える」とは、適用事業所に使用される厚生年金保険の被保険者総数が12か月のうち、6か月以上において50人を超えることが見込まれる場合を指します。

　　なお、政府の全世代型社会保障構築会議では、報告書（令和4年12月16日）の中の「働き方に中立的な社会保障制度等の構築」の項において「短時間労働者にとって、勤め先の企業の規模によって被用者保険の適用に違いが生まれる状況の解消を図るべきであり、企業規模要件の撤廃について早急に実現を図るべきである。」及び「週労働時間20時間未満の短時間労働者についても、被用者にとってふさわしく、雇用の在り方に中立的な被用者保険を提供する観点からは、被用者保険の適用除外となっている規定を見直し、適用拡大を図ることが適当と考えられることから、そのための具体的な方策について、実務面での課題や国民年金制度との整合性等を踏まえつつ、着実に検討を進めるべきである。」とされていますので、留意してください。

※2　令和4年10月1日以降、100人以下の企業であっても、労使合意（労働者の2分の1以上と事業主が厚生年金保険・健康保険に加入することについて合意すること）がなされれば、年金事務所に申出を行うことにより「任意特定適用事業所」となり、企業単位で厚生年金保険・健康保険に加入できます。

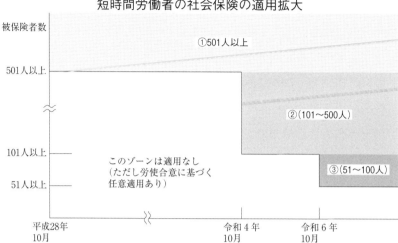

② 週所定労働時間が20時間以上であること

　週所定労働時間が20時間以上であるとは、契約上1週間の勤務すべき時間が20時間以上であるという意味であり、残業等は含まれません。所定労働時間が周期的に変動し、週当たりで一通りでない場合は当該周期における週平均とされています。

　例えば、1回の隔日勤務の労働時間が14.5時間の場合、4週で6回勤務するとき（14.5×6÷4＝21.75）は20時間以上の要件に該当し対象となりますが、4週で5回勤務するとき（14.5×5÷4＝18.125）は要件に該当せず、対象とならないことになります。

　ただし、所定労働時間ベースで週20時間未満であっても恒常的に残業がある場合には、残業を含めた時間が実際の労働時間となります。

　すなわち、実際の労働時間が連続する2か月において週20時間以上となった場合で、引き続き同様の状態が続いている又は続くことが見込まれる場合は、実際の労働時間が週20時間以上となった月の3か月目の初日に被保険者の資格を取得します。これらの実態判断は所轄の年金事務所が行うことになります。

③ 賃金の月額が88,000円以上であること

　賃金の月額が88,000円以上であること（※）については、基本給及び諸手当によって判定されます。ただし、判定基準に含まれないものとして次の例が挙げられています。

　　㋐ 臨時に支払われる賃金（結婚手当等）

　　㋑ 1月を超える期間ごとに支払われる賃金（賞与等）

　　㋒ 時間外・休日・深夜労働に対して支払われる賃金（割増賃金等）

　　㋓ 最低賃金において算入しないことを定めている賃金（精皆勤手当、通勤手当及び家族手当）

　※　この要件に一旦該当した労働者は、原則として、資格取得後に雇用契約等が
　　見直され、月額賃金が88,000円を下回ることが明らかになった場合等を除き、
　　被保険者資格を喪失することはありません。そのため、毎月確認する必要はあ
　　りませんが、雇用契約等に変更はなく、常態的に88,000円を下回る状況が続く
　　ことが確認できる場合は、実態を踏まえた上で資格喪失することとなります。
④　学生でないこと
　学生でないことについては、学生は本格的就労の準備期間にあることから適用除外
とされています。

Q217　定時制乗務員に対し社会保険適用についてどのように説明すれば
よいでしょうか（被保険者数51人以上100人以下）。

A　令和6年10月1日以降、被保険者の数が常時51人以上の事業所では、一
定の要件に該当する短時間労働者について社会保険の適用拡大が予定さ
れています。この適用拡大に当たっては、勤務する企業規模、週所定労
働時間、月収などの客観的事実に即して適用・非適用は明確にされてい
ますので、要件に該当していれば適用されますし、適用されたくないとの希望があれ
ば、働き方を変更する必要があります。このため、各定時制乗務員の意向を十分把握
した上で、現在の働き方を継続して適用（非適用）となるか、現在の働き方を変更し
て非適用（適用）となるか対応を決定することになります。
　なお、新たな働き方を創出するのであれば就業規則等の改正を行うことになります。
以上の検討に当たっては、下図を参考にしてください。

定時制乗務員の令和6年10月1日以降の働き方(イメージ)

被保険者
60人の会社

定時制乗務員

隔日勤務

月8回勤務
未加入

①　加入　　月9〜11回勤務　　働き方変更
②　加入　　月8回勤務　　働き方不変　　同一会社
　　　　　　　　　　　　　　　　　　　内での対応
③　未加入　月5回勤務　　働き方変更
④　未加入　隔勤→日勤　月10回勤務　働き方変更
⑤　未加入　月8回勤務　　働き方不変　　50人以下の
　　　　　　　　　　　　　　　　　　　会社に再就職

　ここで重要なことは、事業者は個々の定時制乗務員に対し、社会保険の適用に関する情報を十分に提供するよう努めてほしいということです。その上で定時制乗務員は自らの置かれた状況を踏まえ、いずれかの選択肢を選ぶというのがベストです。情報提供の際には、次の比較も参考にしてください。

【社会保険加入のメリット】

① 厚生年金保険に加入することにより、労使折半で掛金を負担し、<u>年金が2階建て</u>になり一生涯受け取れる。

② 病気やケガなどで障害状態と認定された場合、障害基礎年金に加え<u>障害厚生年金も</u>受け取れる。

③ 被保険者が万一亡くなった場合、遺族は遺族基礎年金に加え<u>遺族厚生年金も</u>受け取れる。

④ 健康保険に加入していると、業務外の事由による療養のため働くことができないときは給与の3分の2相当の<u>傷病手当金</u>が受け取れる（最長1年6か月）。

⑤ 健康保険に加入していると、被保険者が出産のため会社を休み、報酬が受けられないときは、産前42日、産後56日までの間、給与の3分の2相当の<u>出産手当金</u>が受け取れる。

⑥ 配偶者の扶養に入っていた者は、社会保険加入後は<u>年収130万円の壁を気にせずに働き</u>、収入を増やすことができる。

⑦ 国民年金保険料より社会保険料（労使折半）の労働者負担分の方が少なくなる場合がある。

【社会保険加入のデメリット】

① 配偶者の被扶養者となっている者は、社会保険料の負担部分だけ「手取り賃金」が減る。

② 60歳以上の者は社会保険料の負担部分だけ「手取り賃金」が減る。

付加金制度とは。

　　労基法はほとんどの違反行為に対し、罰則を規定しています。刑事罰を背景に法遵守を使用者に求めているわけです。しかし、これだけで労基法の履行確保を完全に図ることは困難です。そこで、労基法は、

①　即時解雇をしたにもかかわらず解雇予告手当を支払わないとき（労基法20条）

②　休業手当を支払わないとき（労基法26条）

③　時間外・休日・深夜労働の割増賃金を支払わないとき（労基法37条）

④　年次有給休暇の賃金を支払わないとき（労基法39条9項）

の四つの場合について、裁判所は労働者の請求により、使用者に対し本来の未払額と同額の金員を労働者に支払うよう命ずることができることとしています（労基法114条）。この同額の金員を付加金といい、労基法に違反する使用者に倍額支払のペナルティを用意することにより、支払の確保を図ろうとするものです。

　「裁判所は、……付加金の支払を命ずることができる」とされ、付加金の支払を命ずるかどうかは裁判所の裁量に委ねられています。つまり労基法違反（及び労働者の請求）により当然に発生するものではなく、裁判所は、使用者による同法違反の程度・態様、労働者の不利益の性質・内容等諸般の事情を考慮して付加金の支払を命ずるか否か、及び命ずる場合の額を決定すべきものとされています。

　なお、付加金は裁判所の命令を待って初めて使用者に支払義務が生ずるもので、裁判外において労働者が付加金を請求するようなことは、無用な混乱を引き起こしかねないことから認められていません。

　また、付加金の請求期間については令和2年4月1日以降、2年から5年に延長されました。ただし、経過措置として、当分の間は3年が適用されます。

労働基準監督官の監督指導を受ける際の留意事項を教えてくださ
い。

　　　　労働基準監督官は、原則、抜き打ちで事業所に監督指導を実施します。
小手先の対応で切り抜けようとしてもかえって墓穴を掘ることになりま
す。むしろ、いつ監督指導があっても必要な対応が行えるよう、日頃か
ら適切な労務管理を行っていることが重要です。いくつか、留意点を挙
げてみましょう。

① 労働者保護法規（労基法、安衛法、最賃法、労契法、改善基準告示など）につい
　て、日頃から複数の担当者が理解を深めておくこと
② 労働者保護法規で求められている事項を漏れなく実施しておくこと。また、それ
　らを疎明する次の書類等を整備しておくこと
　㋐ 就業規則（変形労働時間制の根拠規定、賃金規程、育児・介護休業等規則等を
　　含みます。）、就業規則変更届、賃金台帳、労働者名簿、36協定届、賃金控除協定
　㋑ 労働条件通知書、口座振込同意書、年次有給休暇管理簿、無期労働契約転換申
　　込書
　㋒ 運行管理規程、乗務員台帳、勤務交番表、点呼簿、運転日報、デジタル式運行
　　記録、労働時間の記録に関する書類
　㋓ 定期健康診断結果報告書、健康診断個人票（雇入れ時を含みます。）、心理的な
　　負担の程度を把握するための検査結果等報告、面接指導結果、安全衛生委員会議
　　事録、労働者死傷病報告、産業医の活動状況がわかる書類　など
③ 常日頃の労務管理に関する点検の結果、法令に抵触する事項が認められた場合に
　は、速やかに是正すること、又は是正に向け検討に着手すること
④ 制度の運用や法の当てはめなど労働基準監督官から質問が出そうな次の点につい
　て、あらかじめ法に適合した管理が行われていることを説明できるよう理論武装し
　ておくこと
　㋐ 労働時間や休憩時間の把握の仕方
　㋑ 変形労働時間制の運用や年次有給休暇の管理など

⑤　労働基準監督官の訪問を受けた場合には、最初から会社の制度や労務管理の実務に精通した担当者が対応すること。担当者が不在の場合の連絡方法や対応の仕方を決めておくこと

⑥　所属の労働者が労働基準監督署に対し、労基法104条の申告（※）を行った場合は、労働基準監督署は監督指導又は事実確認を行う。申告は労働者の権利であり、止めることはできないので、申告したと思われる事項について的確に説明できるようにしておくこと

※　労基法104条

　　①　事業場に、この法律又はこの法律に基いて発する命令に違反する事実がある場合においては、労働者は、その事実を行政官庁又は労働基準監督官に申告することができる。

　　②　使用者は、前項の申告をしたことを理由として、労働者に対して解雇その他不利益な取扱をしてはならない。

⑦　労働基準監督官の監督指導の結果、法違反が認められた場合には「是正勧告書」が、法違反はないが改善すべき事項が認められた場合には「指導票」が、それぞれ交付される。この場合には、どの事実が違反を構成するのか、また、その前提事実の認定に誤解がないかどうかなどをよく確認すること

⑧　法違反に係る対象者・対象時期など指導の範囲や提出期日、求められる改善のレベルなど是正の仕方について確認すること

⑨　是正勧告書・指導票が交付された場合には、是正報告書の提出を指示されるので、一言一句まで細心の注意を払い、確実に守れる範囲で記載し提出すること

⑩　所轄の労働基準監督署又は労働局がどのような行政運営をしようとしているか広報を行っている。監督官の指導の際の重点事項となる可能性が高いので、日頃から把握しておくこと

労働基準監督機関と地方運輸機関との間に相互通報制度があると聞きましたが、詳しく教えてください。

 　ご質問の通報制度は、自動車運送事業に従事する自動車運転者の労働条件の改善を図ることを目的に、平成元年3月27日基発145号「自動車運転者の労働条件改善のための地方運輸機関との相互通報制度について」によりスタートした制度です。この通達は、平成18年2月と平成28年8月に改正が行われ、今日に至っています。平成28年8月の改正では、健康起因の交通事故が増加している状況を踏まえ、新たに労働安全衛生法（健康診断）違反が通報事案に追加されています。

（1）　通報の方法

　通報の方法は、都道府県労働局長が、管下の労働基準監督署長からの監督結果等の報告を取りまとめ、当該労働局の所在地を管轄する地方運輸支局を経由して、関係運輸局長あて通報されます。逆に地方運輸機関からは、関係地方運輸局長より当該事案を管轄する地方運輸支局を経由して、都道府県労働局長宛て通報されることになっています。

（2）　通報事案

通報事案は次のとおりです。

ア　労働基準監督機関から地方運輸機関

　臨検監督の結果、道路運送法及び貨物自動車運送事業法の運行管理に関する規定に重大な違反の疑いがあると認められた事案

①　改善基準告示違反

②　最低賃金法違反

③　労働安全衛生法（健康診断）違反　等

イ　地方運輸機関から労働基準監督機関

　監査の結果、自動車運送事業者について労基法、最低賃金法、労働安全衛生法（健康診断）、改善基準告示について重大な違反の疑いがあると認められた事案

(3)　通報事案の処理

ア　労働基準監督機関が地方運輸局長から通報を受けた事案については、原則とし
　て全ての事業場に対し監督指導等の措置を講じ、その結果を地方運輸機関に回報
　します。

イ　都道府県労働局から地方運輸機関へ通報した事案のうち、地方運輸局において
　道路運送法及び貨物自動車運送事業法の規定に基づく処分等が行われたものにつ
　いては、その結果が労働基準監督機関に回報されます。

(4)　相互通報の実績

　平成30年から令和2年までに通報された年間通報件数は、労働基準監督機関からの
ものは、それぞれ1,063件、692件、459件、地方運輸機関からのものは、それぞれ539
件、527件、426件となっています。なお、平成30年から令和2年までに自動車運転者を
使用する事業場に対して実施された年間監督指導件数は、それぞれ6,531件、4,283件、
3,654件でしたので、監督指導件数に占める通報事案の割合は、15%前後となっていま
す。

 　労働局から個別労働紛争解決制度に基づく呼び出しを受けまし
た。この制度はどんな制度ですか。

 　個別労働紛争解決制度とは、賃金不払、解雇、労働条件の不利益変更、
事業主によるいじめなど、様々な労働関係に関する労使トラブルについ
て、裁判（訴訟）とは別に、労働局が関与し、早期、円満、無料で解決
を図ろうとする制度です（個別労働関係紛争の解決の促進に関する法律3条〜5
条）。

　解決手段には、次の三つがあり、トラブルの内容や状況に応じて選択されます。

①　総合労働相談コーナーにおける相談

②　都道府県労働局長による助言・指導

③　紛争調整委員会によるあっせん

　労働局長による助言・指導や紛争調整委員会によるあっせんは、あくまでも紛争の解決を図るために解決策を示して労使両者に自発的に受け入れることを促す手段ですので、これらに必ず従わなければならないというものではありません。紛争が解決しない場合には、当然、裁判所での民事手続による解決の道が残されています。

　ただし、第三者である労働局や専門家が公平・中立な立場から、紛争の論点を整理して解決策を提示することになりますので、会社の見解を十分説明し、場合によっては解決策を受け入れるなど前向きに捉えてもよいと思われます。

資　料

238

○労働条件通知書の記載例
　(1)　乗務員／無期雇用型

（乗務員・無期雇用型）

労働条件通知書

令和○年○月○日

○　○　○　○殿

　　　　　　事業場名称　株式会社○○タクシー
　　　　　　所在地　東京都千代田区九段南○−○−○
　　　　　　使用者職氏名　代表取締役　○　○　○　○

契約期間	期間の定め　無し
就業の場所	千代田営業所(東京都千代田区九段南○−○−○)
従事すべき業務の内容	タクシーの乗務及び関連業務
始業・終業の時刻、休憩時間、就業時転換、所定時間外労働の有無に関する事項	1　始業・終業の時刻等 　　以下のシフトによる1か月単位の変形労働時間制(変形期間28日、勤務回数11回、所定勤務時間14時間30分の隔日勤務)。勤務交番表による。 　　A　始業　6時30分　終業　0時00分　　D　始業　9時30分　終業　3時00分 　　B　始業　7時30分　終業　1時00分　　E　始業　10時30分　終業　4時00分 　　C　始業　8時30分　終業　2時00分 　　詳細は従業員就業規則（以下「規則」という。）第○条 2　休憩時間　3時間　詳細は規則第○条 3　所定時間外労働の有無　有り
休　日	4週4日以上(非定例日)　勤務交番表による。詳細は規則第○条
休　暇	1　年次有給休暇　6か月継続勤務し、8割以上出勤した場合　10日 　　　　　　　　　時間単位年休　無し 2　代替休暇　無し 3　その他の休暇　有給（慶弔休暇） 　　　　　　　　　無給（産前産後休業、育児時間、育児・介護休業等） 休暇についての詳細は規則第○条から第○条まで
賃　金	1　基本賃金　月給　○○○○○円 2　歩合給　積算歩合給制 3　諸手当の額又は計算方法 　ア　精皆勤手当　無欠勤の場合○○円、欠勤1日以内の場合○○円 　イ　通勤手当　非課税限度内において通勤に要する実費に相当する額 　ウ　役職手当　職務上の地位、責任と権限に応じて個別に決定 　エ　無事故手当　一賃金計算期間において無事故・無違反であった 　　　　　　　　　とき○○円（○割以上出勤した場合に限る。） 4　所定時間外、休日又は深夜労働に対して支払われる割増賃金率 　ア　所定時間外　所定超0%、法定超25%、（1か月60時間超50%) 　イ　休日　法定休日35% 　ウ　深夜　25%

賃　金	5　賃金締切日　毎月13日(ただし2月は12日、3月は14日) 6　賃金支払日　毎月25日 7　賃金の支払方法　本人指定の口座へ振込 8　労使協定に基づく賃金支払時の控除 　社宅費、貸付返済金、生命・損害保険の保険料、財形貯蓄の積立金、労働組合費 9　賞与　毎年2回、勤務成績等を考慮して支給する。 10　退職金　有り 賃金についての詳細は規則第○条から第○条まで
退職に関する事項	1　定年制　　有り（○○歳） 2　雇用継続制度　有り（○○歳まで） 　　詳細は規則第○条 3　自己都合退職の手続　（退職する14日以上前に届け出ること） 　　詳細は規則第○条 4　解雇の事由及び手続 　　詳細は規則第○条及び第○条
その他	1　社会保険の加入状況　（厚生年金、健康保険） 2　雇用保険の適用　有り

※以上のほかは、当社従業員就業規則による。
※労働条件通知書については、労使間の紛争の未然防止のため、保存しておくことをお勧めします。

(2)　定時制乗務員／有期雇用型

（定時制乗務員・有期雇用型）

労働条件通知書

令和○年○月○日

○　○　○　○殿

　　　　　　　　事業場名称　株式会社○○タクシー
　　　　　　　　所在地　東京都千代田区九段南○－○－○
　　　　　　　　使用者職氏名　代表取締役　○　○　○　○

契約期間	1　期間の定め　有り（○年○月○日から○年○月○日） 2　契約の更新の有無　更新する場合があり得る。 3　契約の更新は次により判断する。 　ア　安全に運行できる健康状態にあること 　イ　勤務成績・勤務態度が良好であること 　ウ　服務規律を始めとする就業規則の遵守状況が良好であること 　エ　車両稼働台数、乗務員数、会社の経営状況等 4　労働契約法第18条の規定により、有期労働契約の契約期間が通算5年を超える場合には、労働者からの申込みにより期間の定めのない労働契約に転換される（詳細は、定時制乗務員就業規則（以下「規則」という。）第○条）。 　ただし、定年退職後に引き続き雇用される場合はこの限りではない。
就業の場所	千代田営業所（東京都千代田区九段南○－○－○）
従事すべき業務の内容	タクシーの乗務及び関連業務
始業・終業の時刻、休憩時間、就業時転換、所定時間外労働の有無に関する事項	1　始業・終業の時刻等 　以下のシフトによる1か月単位の変形労働時間制（変形期間28日、勤務回数8回、所定勤務時間14時間30分の隔日勤務）。勤務交番表による。 　A　始業　6時30分　終業　0時00分　　D　始業　9時30分　終業　3時00分 　B　始業　7時30分　終業　1時00分　　E　始業　10時30分　終業　4時00分 　C　始業　8時30分　終業　2時00分 　詳細は規則第○条 2　休憩時間　3時間 　詳細は規則第○条 3　所定時間外労働の有無　有り
休日及び勤務日	4週8日以上（非定例日）　勤務交番表による。詳細は規則第○条

休　暇	1　年次有給休暇　6か月継続勤務した場合　7日 　　　　　　　　時間単位年休　無し 2　代替休暇　無し 3　その他の休暇　有給(慶弔休暇) 　　　　　　　　　　無給(産前産後休業、育児時間、育児・介護休業等) 休暇についての詳細は規則第○条
賃　金	1　基本賃金　月給　○○○○○円 2　昇給の有無　勤務成績により昇給する場合がある。 3　歩合給　積算歩合給制 4　諸手当の額又は計算方法 　ア　通勤手当　非課税限度内において通勤に要する実費に相当する額 　イ　無事故手当　一賃金計算期間において無事故・無違反であった 　　　　　　　　　とき○○円(○割以上出勤した場合に限る。) 5　所定時間外、休日又は深夜労働に対して支払われる割増賃金率 　ア　所定時間外　所定超0%、法定超25%、(1か月60時間超50%) 　イ　休日　法定休日35% 　ウ　深夜　25% 6　賃金締切日　毎月13日 7　賃金支払日　毎月25日 8　賃金の支払方法　本人指定の口座へ振込 9　労使協定に基づく賃金支払時の控除 　社宅費、貸付返済金、生命・損害保険の保険料、財形貯蓄の積立 　金、労働組合費 10　賞与　毎年2回、勤務成績等を考慮して支給する。 11　退職金　無し 賃金についての詳細は規則第○条から第○条まで
退職に関する 事項	1　無期転換した場合の定年制　有り(○○歳) 　　詳細は無期転換従業員就業規則第○条 2　自己都合退職の手続　(退職する14日以上前に届け出ること) 　　詳細は規則第○条 3　解雇の事由及び手続 　　詳細は規則第○条及び第○条
その他	1　社会保険の加入状況　無し 2　雇用保険の適用　有り 3　雇用管理の改善等に関する相談窓口 　総務課長　○　○　○　○(連絡先　03-○○○○-○○○○)

※以上のほかは、当社従業員就業規則による。
※労働条件通知書については、労使間の紛争の未然防止のため、保存しておくことをお勧めします。

○時間外労働・休日労働に関する協定届（36協定届）の記載例

様式第9号の3の4（第70条関係）

時間外労働／休日労働 に関する協定届

労働保険番号		
法人番号		

事業の種類：一般乗用旅客自動車運送事業

事業の名称：○○タクシー株式会社○○営業所

事業の所在地（電話番号）：（〒○○○-○○○○）東京都千代田区九段南一-○-○　（電話番号：○○○-○○○○-○○○○）

協定の有効期間：令和○年3月16日から1年間

時間外労働

	時間外労働をさせる必要のある具体的事由	業務の種類	労働者数（満18歳以上の者）	所定労働時間（1日）（任意）	法定労働時間を超える時間数（1日）	所定労働時間を超える時間数（1日）（任意）	法定労働時間を超える時間数（1箇月）(①については45時間まで、②については42時間まで)	所定労働時間を超える時間数（1箇月）（任意）	法定労働時間を超える時間数（1年）(①については360時間まで、②については320時間まで)　起算日（年月日）令和○年3月13日	所定労働時間を超える時間数（1年）（任意）
① 下記②に該当しない労働者	季節的な繁忙又は顧客の需要に応ずるため	自動車運転者（日勤）	○人	8時間	6時間		45時間		360時間	
	一時的な道路事情の変化等に対処するため	自動車運転者（隔勤）	○人	14.5時間	5時間		45時間		260時間	
	季節的な繁忙及び顧客の需要に応ずるため	運行管理者	○人	8時間	13時間		45時間		360時間	
	予期せぬ車両トラブルに対処するため	自動車整備士	○人	8時間	12時間		45時間		360時間	
	月末の精算、決算等事務の集中	経理事務員	○人	8時間	12時間		45時間		360時間	
② 1年単位の変形労働時間制により労働する労働者										

休日労働

	休日労働をさせる必要のある具体的事由	業務の種類	労働者数（満18歳以上の者）	所定休日（任意）	労働させることができる法定休日の日数	労働させることができる法定休日における始業及び終業の時刻
	季節的な繁忙又は顧客の需要に応ずるため	自動車運転者（日勤・隔勤）	○人	毎週2回	1か月2回	12時間を限度とする
	季節的な繁忙及び顧客の需要に応ずるため	運行管理者	○人	毎週2回	1か月1回	12時間を限度とする

上記で定める時間数にかかわらず、時間外労働及び休日労働を合算した時間数は、1箇月について100時間未満でなければならず、かつ2箇月から6箇月までを平均して80時間を超過しないこと（自動車の運転の業務に従事する労働者は除く。）。☑（チェックボックスに要チェック）

協定の成立年月日　令和○年　3月　5日

協定の当事者である労働組合（事業場の労働者の過半数で組織する労働組合）の名称又は労働者の過半数を代表する者の　職名（　　　　　　）　氏名 ○○○○　[又は ○○タクシー労働組合]

協定の当事者（労働者の過半数を代表する者の場合）の選出方法（　投票による選挙　）

上記協定の当事者である労働組合が事業場の全ての労働者の過半数で組織する労働組合である又は上記協定の当事者である労働者の過半数を代表する者が事業場の全ての労働者の過半数を代表する者であること。☑（チェックボックスに要チェック）

上記労働者の過半数を代表する者が、労働基準法第41条第2号に規定する監督又は管理の地位にある者でなく、かつ、同法に規定する協定等をする者を選出することを明らかにして実施される投票、挙手等の方法による手続により選出された者であって使用者の意向に基づき選出されたものでないこと。☑（チェックボックスに要チェック）

職名　　　　氏名 ○○○○

令和○年　3月　10日

使用者　職名　　　　氏名 ○○○○　㊞

○○　労働基準監督署長殿

様式第9号の3の5 (第70条関係)

時間外労働 に関する協定届(特別条項)
休日労働

臨時的に限度時間を超えて労働させることができる場合	業務の種類	労働者数(満18歳以上の者)	1日(任意) 延長することができる時間数 / 法定労働時間を超える時間数	所定労働時間を超える時間数(任意)	1箇月(時間外労働及び休日労働を合算した時間数。①については100時間未満に限る。) 限度時間を超えて労働させることができる回数(6回以内に限る。)	延長することができる時間数及び休日労働の時間数 / 法定労働時間を超える時間数と休日労働の時間数を合算した時間数	所定労働時間を超える時間数と休日労働の時間数を合算した時間数(任意)	限度時間を超えた労働に係る割増賃金率	1年(時間外労働のみの時間数。①については720時間以内、②については960時間以内に限る。) 起算日(年月日) 令和○年3月16日 延長することができる時間数 / 法定労働時間を超える時間数	所定労働時間を超える時間数(任意)	限度時間を超えた労働に係る割増賃金率
① 下記②以外の者	大きな事故・クレームへの対応・突発的業務の集中への対応 事故・故障中の集中・突発的業務の対応	運行管理者	○人	13時間		6回	79時間		25%	7○時間		25%
	予算・決算、採用業務の集中への対応	自動車整備士	○人	12時間		6回	75時間		25%	70○時間		25%
	突発的業務への対応	経理事務員	○人	12時間		6回	70時間		25%	65○時間		25%
② 自動車の運転の業務に従事する労働者	突発的な繁忙、顧客需要、他交通機関の運転の遅延又は予期し得ない事象に対応するため	自動車運転者(日勤)	○人	10時間			79時間		25%	88○時間		25%
		自動車運転者(隔勤)	○人	9時間			52時間		25%	60○時間		25%

限度時間を超えて労働させる場合における手続 (該当する番号) ⑦ ⑨ 労働者代表に対する事前申し入れ

限度時間を超えて労働させる労働者に対する健康及び福祉を確保するための措置 (具体的内容) ⑦心とからだの相談窓口を設置する。 ⑨産業医等による助言、指導や保健指導

協定の成立年月日 令和○年 3 月 5 日

協定の当事者である労働組合(事業場の労働者の過半数で組織する労働組合)の名称又は労働者の過半数を代表する者の 職名 ○○○○ 〔又は ○○タクシー労働組合〕
氏名 ○○○○ ㊞

協定の当事者(労働者の過半数を代表する者の場合)の選出方法 (投票による選挙)

上記協定の当事者である労働組合が事業場の全ての労働者の過半数で組織する労働組合である又は上記協定の当事者である労働者の過半数を代表する者が事業場の全ての労働者の過半数を代表する者であること。☑ (チェックボックスに要チェック)

上記労働者の過半数を代表する者が、労働基準法第41条第2号に規定する監督又は管理の地位にある者でなく、かつ、同法に規定する協定等をする者を選出することを明らかにして実施される投票、挙手等の方法による手続により選出された者であつて使用者の意向に基づき選出されたものでないこと。☑ (チェックボックスに要チェック)

令和○年 3 月 10 日

使用者 職名 ○○○○
氏名 ○○○○ ㊞

○○ 労働基準監督署長殿

○年次有給休暇管理簿の例

年次有給休暇管理簿（2021年度分）　○○タクシー㈱△△営業所

取得日欄の凡例：□一日年休　■半日年休　■時季指定

基準日4月　時季指定12月

社員番号	名前	正・定	勤務形態	入社年月日	勤続年数	基準日	今年付与日数	前年残日数	今期付与日数	取得日	今期取得日数	今年残日数	前年残日数
1	○○○○	正	隔勤	2017年10月7日	3年6か月	4/7	14	7	21	10/30 10/31 1/28 2/26 3/11	5	9	7
2	○○○○	正	昼日勤	2020年10月11日	6か月	4/11	10	0	10	8/6 9/10 1/18 2/1 3/20	5	5	0
3	○○○○	正	隔勤	2020年10月25日	6か月	4/25	10	0	10	8/30 8/31 10/1 10/2 11/27	5	5	0
4	○○○○	正	夜日勤	2015年10月25日	5年6か月	4/25	18	10	28	4/26 5/15 6/2 6/7 7/14 7/15 8/1 8/5 8/6 8/7 8/8 8/11 8/12 8/13 8/14 8/21 8/22 8/29 8/30 9/9	20	0	8
5	○○○○	定	隔勤	2017年10月30日	3年6か月	4/30	10	0	10	5/1 5/2 8/14 8/15 9/11 9/12 10/1 10/2 12/7 12/8	10	0	0

基準日5月　時季指定1月

社員番号	名前	正・定	勤務形態	入社年月日	勤続年数	基準日	今年付与日数	前年残日数	今期付与日数	取得日	今期取得日数	今年残日数	前年残日数
1	○○○○	正	夜日勤	2018年11月16日	2年6か月	5/16	12	0	12	8/5 8/6 8/7 8/8 10/10 11/22 12/28 12/29 12/30 1/15 1/16 2/1 3/20	10.5	1.5	0
2	○○○○	正	夜日勤	2019年11月27日	1年6か月	5/27	11	3	14		0	11	3
3	○○○○	正	昼日勤	2019年11月27日	1年6か月	5/27	11	0	11	7/21 7/22 7/23	3	8	0
4	○○○○	正	隔勤	2001年11月29日	19年6か月	5/29	20	8	28	6/18 6/19 7/1 7/2 8/26 8/27 9/11 9/12 10/6 10/7 10/30 10/31 11/20 11/21 12/10 12/11	16	4	8
5													

基準日6月　時季指定2月

社員番号	名前	正・定	勤務形態	入社年月日	勤続年数	基準日	今年付与日数	前年残日数	今期付与日数	取得日	今期取得日数	今年残日数	前年残日数
1	○○○○	正	隔勤	2011年12月3日	9年6か月	6/3	20	15	35	7/14 8/9 9/10 11/2	4	16	15
2	○○○○	定	隔勤	2011年12月11日	9年6か月	6/11	15	5	20	7/30 7/31 8/1 8/2 11/11	5	10	5
3	○○○○	正	昼日勤	2019年12月21日	1年6か月	6/21	11	5	16	7/14	1	10	5
4													

本管理簿の利用に当たっての留意事項

①『名前』欄は、各労働者の毎年の年次有給休暇の基準日の若い順に登録します。

②『勤続年数』欄は、直近の基準日における勤続年数（年　月）を記入します。

③この例では、基準日の統一を行わず、時間単位年休は認めていません。また年次有給休暇は前年未消化有給休暇残日数分から、新規発生分から取得する扱いとしています。

④この例は、2021年12月末現在のものです。基準日が4月の者について、11月末までの取得状況を確認の上、12月中旬までに希望日を聴取し、12月末までに時季指定しています。

⑤適宜色分けして管理すると、見分けやすくなります。

○労働者死傷病報告の記載例

労働者死傷病報告

様式第23号（第97条関係）（表面）

| 労働保険番号（建設業の工事に従事する下請人の労働者が被災した場合、元請人の労働保険番号を記入すること。） | 事業の種類 |

81001 13 1 123456 231 111 道路旅客運送業

都道府県 所掌 管轄 基幹番号 枝番号 被一括事業場番号

事業場の名称（建設業にあっては工事名を併記のこと。）

カナ　マルマルタクシ

漢字　株式会社○○タクシー

工事名

職員記入欄（派遣先の事業の労働保険番号）

都道府県 所掌 管轄 基幹番号 枝番号 被一括事業場番号

派遣労働者が被災した場合は、派遣先の事業場の郵便番号

事業場の所在地　東京都千代田区九段南○-○-○　電話 03（1111）1111

構内下請事業の場合は親事業場の名称、建設業の場合は元方事業場の名称

派遣労働者が被災した場合は、派遣先の事業場の名称

提出事業者の区分　派遣先 派遣元

郵便番号　100-0000　労働者数　102人

発生日時（時間は24時間表記とすること。）

7:平成　9:令和　→　9 030811 0210

元号 年 月 日 時 分

被災労働者の氏名（姓と名の間は1文字空けること。）

カナ　ロウドウ　タロウ

漢字　労働　太郎

生年月日　1:明治 3:大正 5:昭和 7:平成 9:令和　5 330421 （63）歳

元号 年 月 日

性別　○男 女（いずれかに○）

職種　タクシー乗務員　経験期間　11　年 月

休業見込期間又は死亡日時（死亡の場合は死亡欄に○）

休業見込　3　○（いずれかに○）　死亡　死亡日時　月 日 時 分

傷病名　骨折

傷病部位　右前腕

被災地の場所　○○区△△町1-1 付近

災害発生状況及び原因

①どのような場所で ②どのような作業をしているときに ③どのような物又は環境に ④どのような不安全な又は有害な状態があって ⑤どのような災害が発生したかを詳細に記入すること。

乗務中、トイレを使用するため○○区△△町1-1の○○公園に向かっていた際、辺りが暗かったこともあり、縁石(高さ約15センチメートル)で足を踏み外して転倒し、右手を地面について骨折したもの。

略図（発生時の状況を図示すること。）

労働者が外国人である場合のみ記入すること。

国籍・地域（　　）　在留資格（　　）

職員記入欄

国籍・地域コード　在留資格コード

起因物　店社コード　業種分類

事故の型　発注者種類 事業場等区分 業務上疾病 1:該当 2:非該当　自由設定項目 (1)(2)(3)

報告書作成者 職氏名　安全管理者　労働　花子

令和○年　○月　○日

事業者職氏名　○○　○○

中央労働基準監督署長殿

受付印

労働者死傷病報告

様式第23号（第97条関係）（表面）

労働保険番号（建設業の工事に従事する下請人の労働者が被災した場合、元請人の労働保険番号を記入すること。）					事業の種類
8 1 0 0 1	1 3 1	1	1 2 3 4 5 6	1 2 3	1 1 1 1
	都道府県 所掌 管轄		基幹番号	枝番号 被一括事業場番号	道路旅客運送業

事業場の名称（建設業にあっては工事名を併記のこと。）

カナ： マ ル マ ル タ ク シ ー

漢字： 株 式 会 社 ○ ○ タ ク シ ー

工事名：

職員記入欄（原護先の事業の労働保険番号）

都道府県	所掌	管轄	基幹番号	枝番号	被一括事業場番号	原護労働者が被災した場合は、原護先の事業場の郵便番号
						□□□ － □□□□

事業場の所在地
東京都千代田区九段南○-○-○　電話 03（1111）1111

構内下請事業の場合は親事業場の名称、建設業の場合は元方事業場の名称

原護労働者が被災した場合は、原護先の事業場の名称

原護元事業者の区分

郵便番号	労働者数	発生日時（時間は24時間制表記とすること。）					
100 － 0000	□□□ 1 0 2 人	元号 7：平成 9：令和	9 0	3 0 8	1 1	2 3 1 0	分

被災労働者の氏名（姓と名の間は1文字空けること。）

		生年月日			性別
カナ： ア ン ゼ ン　ジ ロ ウ		元号 1：明治 3：大正 5：昭和 7：平成 9：令和	5 5 5 0 4 2 1 （41）歳		男 女 （いずれかに○）
漢字： 安 全　次 郎	職種 タクシー乗務員		経験期間 1 1	年 月	○

休業見込期間又は死亡日時（死亡の場合は死亡欄に○）	傷病名	傷病部位	被災地の場所
休業見込 3（いずれかに○） 死亡 □ 死亡日時 月 週 日	頸部捻挫	頸部	○○区△△町1-1 付近

災害発生状況及び原因	略図（発生時の状況を図示すること。）
①どのような場所で ②どのような作業をしているときに ③どのような物又は環境に ④どのような不安全な又は有害な状態があって ⑤どのような災害が発生したかを詳細に記入すること。 実車走行時、○○通りの△△交差点で、赤信号のため先行車に続いて停止したところ、脇見運転の後続車に追突されたもの。ヘッドレストは適正位置に設定してあった。	

労働者が外国人である場合のみ記入すること。
国籍・地域（　　　）　在留資格（　　　）

職員記入欄	国籍・地域コード	在留資格コード				
	□□	□□				
	起因物	店社コード	業種分類			
	□□□□	□□	□□ □□ □□			
	事故の型	発注者種類 事業場等区分	業務上疾病 1：該当 2：非該当	自由設定項目 (1) (2) (3)		
	□□	□ □	□	□□ □□ □□		

報告書作成者　職 氏名　安全管理者 労働　花子

令和○年　　○月　　○日

事業者職氏名　○○　○○

中央労働基準監督署長殿

受付印

改訂
タクシー事業のための　労務管理一問一答
―令和6年4月施行・改正改善基準告示対応版―

令和3年8月23日　初　　版発行
令和5年5月17日　改訂初版発行

編　集　一般社団法人
　　　　東京ハイヤー・タクシー協会
　　　　労務委員会

発行者　新日本法規出版株式会社
　　　　代表者　星　　謙一郎

発 行 所　**新 日 本 法 規 出 版 株 式 会 社**

本　　　社　（460-8455）　名 古 屋 市 中 区 栄 1 － 23 － 20
総 轄 本 部
東 京 本 社　（162-8407）　東京都新宿区市谷砂土原町2―6
支社・営業所　札幌・仙台・関東・東京・名古屋・大阪・高松
　　　　　　　広島・福岡
ホームページ　https://www.sn-hoki.co.jp/

【お問い合わせ窓口】
新日本法規出版コンタクトセンター
☎ 0120-089-339（通話料無料）
●受付時間／9：00〜16：30（土日・祝日を除く）